Gabriele Ebert

Sarada Devi

Leben und Lehre der Gemahlin Ramakrishnas

(Ramakrishna und seine Schüler, Band 2)

2., völlig überarbeitete Aufl., 2025
Verlag: BoD · Books on Demand GmbH, Überseering 33, 22297 Hamburg,
bod@bod.de
Druck: Libri Plureos GmbH, Friedensallee 273, 22763 Hamburg
ISBN: 978-3-8192-5062-0

INHALTSVERZEICHNIS

Einleitung 5

Die indische Frau in der Hindu-Gesellschaft des 19. Jahrhunderts............ 6

Saradas Kindheit.. 8

Saradas frühe Heirat 14

Saradas erster Besuch in Dakshineswar 24

Die Shodashi Puja und die Zeit danach.. 31

Saradas Gefährtinnen.. 56

Krankheit und Tod Ramakrishnas 62

Pilgerreise (August 1886 – August 1887) 73

In Kamarpukur... 78

In Kalkutta und an anderen Orten.. 83

Sarada und Swami Vivekananda 88

Sarada und die westlichen Frauen 96

Sarada und einige Verehrer 106

Die Swamis, die für Sarada sorgten... 109

Im Udbodhan-Haus 115

Weitere Pilgerreisen 119

Der Belur Math.. 122

Saradas Familie 129

Radhu... 136

Die Mutter aller 147

Sarada und die Tiere.. 151

Die letzten Monate und der Tod der Heiligen Mutter 154

Sarada als Guru... 162

Saradas Lehre 172

Chronologie 181

Glossar... 184

Literaturverzeichnis.. 188

EINLEITUNG

Die Biografie über Sarada Devi, die Ehefrau und Gefährtin Ramakrishnas, ist in gewissem Sinn eine Fortsetzung der Biografie über Ramakrishna. Sie führte das einfache Leben einer hinduistischen Hausfrau, lebte mit den Mitgliedern ihrer Familie zusammen und übernahm für sie Verantwortung. Zugleich weihte sie viele Menschen ins spirituelle Leben ein und hatte viele Schüler/innen. Damit setzte sie das Werk Ramakrishnas fort. Sie spielte im Ramakrishna-Orden, der bald nach dessen Tod entstand, die Rolle der Mutter des Ordens. Sie betrachtete alle Mönche und Schüler/innen als ihre Kinder und schenkte ihnen ihre mütterliche Liebe. Deshalb wurde sie von allen „Heilige Mutter" genannt.

Wir finden im Leben von Sarada wie auch von Ramakrishna viele Berichte von Visionen und *Samadhi*-Erfahrungen. Ihr Leben ist eingebettet in einen reichen hinduistischen Kontext der Götterverehrung, Riten, Vorschriften und Kastenregeln. Manche Verhaltensweisen sind nur zu verstehen, wenn man diesen Hintergrund bedenkt.

Die ausführlichste englischsprachige Biografie über Sarada stammt von Swami Chetanananda: „Sri Sarada Devi and Her Divine Play". Sie ist zusammen mit dem „Gospel of the Holy Mother Sri Sarada Devi" die Hauptquelle für dieses Buch.

Ich wünsche nun dem Leser/der Leserin viel Freude bei der Lektüre des Lebens einer außergewöhnlichen indischen Frau und spirituellen Lehrerin.

Gabriele Ebert

DIE INDISCHE FRAU IN DER HINDU-GESELL-SCHAFT DES 19. JAHRHUNDERTS

Das Leben der hinduistischen Frauen in der Gesellschaft des 19. Jahrhunderts war unscheinbar und bestand aus vorwiegend eintönigen Haushaltspflichten und der Kindererziehung. Sie waren ungebildet, bescheiden und ihrem Mann ergeben. So war es auch bei Sarada. Doch wenige Jahre nach ihrem Tod erkannte man, dass diese einfache Frau eine höchst erleuchtete Seele war. Heute wird ihr derselbe Respekt entgegengebracht wie Ramakrishna.

Die Stellung der indischen Frau entsprach der jeweiligen politischen und wirtschaftlichen Lage der Nation. War Indien frei, war auch die Frau frei. Während der Zeit der Fremdherrschaft durch den Islam wurde in Nordindien die *Purdah*, die strenge Isolierung der Frau in die inneren Bereiche des Hauses, eingeführt. Als Indien 1947 seine Freiheit erlangte, übernahm die Frau wieder eine größere Rolle im nationalen Leben. Zur Zeit Ramakrishnas spielte die hinduistische Reformbewegung des *Brahmo Samaj* eine bedeutende Rolle, der auch für die Frauenrechte und gegen die Verheiratung Minderjähriger eintrat sowie Bildung für Frauen forderte.

Im spirituellen Leben steht die Frau an der Seite ihres Gatten. Mann und Frau sind ohne einander unvollkommen. Dies wird durch die Hindu-Gottheit *Ardhanarisvara* symbolisiert, die halb Mann, halb Frau ist. Auch besitzen alle Gottheiten und göttlichen Inkarnationen eine Partnerin, die in der Rolle der *Shakti*, der schöpferischen Kraft, gesehen wird, während die männliche Gottheit den inaktiven Aspekt repräsentiert. Die hinduistische Mythologie ist voller Geschichten über Göttinnen wie *Parvati*, *Sita*, *Radha* und viele andere. *Sarasvati* ist die Göttin der Gelehrsamkeit, *Lakshmi* die Göttin des Wohlstands und *Kali* die Muttergottheit schlechthin, vor allem in Bengalen. Der Göttlichen Mutter *Kali* ist der Haupttempel in der Tempelanlage von Dakshineswar im Norden Kalkuttas (heute Kolkata) geweiht, die Rani Rasmani 1855 gegründet hatte und die im Leben Ramakrishnas und Saradas eine wesentliche Rolle spielt.

Die Hindu-Religion achtet die Frau hauptsächlich als Vertreterin der Mutterschaft Gottes. In der Hindu-Gesellschaft ist die Mutter, und nicht die Ehefrau, von Bedeutung. Wenn der Mann heiratet, bringt er seine Frau in seine

Familie. Sie gehorcht der Schwiegermutter, achtet sie und darf nicht zwischen ihr und ihrem Sohn stehen. Erst wenn sie selbst Mutter wird, erhält sie einen höheren sozialen Status innerhalb der Familie. Auch fremde Frauen werden oft respektvoll mit „Mutter" angesprochen, selbst wenn sie von niederer Herkunft sind.

Die Mutter steht den Kindern näher als der Vater, da ihre Liebe bedingungslos ist. Ihre Liebe symbolisiert somit die besondere Liebe Gottes. Insofern ist die Rolle, die Sarada als Mutter für die Verehrer, ihre Schüler und die Mönche Ramakrishnas spielt, der Schlüssel zum Verständnis ihres Wesens.

Saradas Kindheit zeigt viele Parallelen zu der Kindheit Ramakrishnas. Beide entstammten armen Brahmanenfamilien und wuchsen in entlegenen Dörfern in Bengalen auf, wobei die beiden Dörfer nur einige Meilen voneinander entfernt lagen. Zudem hatten die Eltern von beiden Visionen vor ihrer Geburt.

Sarada stammte aus Jayrambati, einem Dorf im Distrikt Bankura, etwa sechzig Meilen nordwestlich von Kalkutta gelegen. Jayrambati ist ein fruchtbares Dorf mit riesigen Feldern und mehreren Wasserspeichern, wo Reis, Weizen, Linsen, Kartoffeln, Bohnen, Chili, Zuckerrohr, Gewürze und Gemüse angebaut werden. Zu Saradas Zeit wurde auch Baumwolle angepflanzt. Dadurch konnte sich das Dorf selbst versorgen, den Überschuss verkaufen und andere nötige Dinge wie Kleidung, Salz und Öl kaufen. Die Leute lebten in einfachen Strohhütten. Ein Lehrer unterrichtete die Kinder in der Vorhalle des Tempels. Religiöse Feste oder Theatervorstellungen aus der Hindu-Mythologie brachten Abwechslung in den monotonen Alltag.

In Jayrambati gibt es zwei Tempel. Der größere ist der Göttlichen Mutter *Simhavahini*, der Schutzgöttin des Dorfes, geweiht. Im südöstlichen Teil des Dorfes liegt ein weiterer kleiner Tempel der Göttin *Shitala*, den Saradas Familie besuchte. Im Herbst, wenn die *Durga-Puja* in diesem Tempel gefeiert wurde, kamen viele Leute aus den Nachbarorten.

Am nördlichen Dorfrand fließt der kleine Fluss Amodar vorbei. Es gibt zwei kleine Halbinseln, von denen eine als Begräbnisstätte dient. Die andere, die von Mango-, Banyan- und anderen Bäumen bestanden ist, wurde später ein beliebter Meditationsplatz für die Schüler Ramakrishnas.

Zur Zeit von Sarada war das Dorf sehr abgelegen und schwer erreichbar. Man musste durch weite Felder und einsame Gegenden mit dem Ochsenkarren fahren oder zu Fuß wandern. Kamarpukur, das Dorf, aus dem Ramakrishna stammte, liegt nur drei Meilen östlich.

In Jayrambati gab es zwei Brahmanenfamilien: die Bannerjees und die Mukherjees. Saradas Familie gehörte zu letzterer. Ihre Eltern waren Ramchandra Mukherjee und Shyamasundari. Sie waren arm, aber aufrichtig und gerecht und ihrer Familiengottheit *Raghuvir (Ramachandra, Rama)* ergeben.

DER AMODAR

Ramchandra hatte drei jüngere Brüder: Trailokya, Ishwar und Nilmadhav. Trailokya war ein Sanskritgelehrter, der aber früh starb. Ishwar verdiente etwas Geld, indem er in einigen Häusern in Kalkutta die Riten für die Familiengottheit ausführte. Die Brüder lebten zusammen, und Sarada wuchs in einem großen Familienverband auf. Die Großfamilie konnte sich nur mühsam durch ihre Einnahmen aus der Landwirtschaft und die Ausübung priesterlicher Dienste über Wasser halten.

Ihre Mutter Shyamasundari war tief religiös und stammte aus Sihar, einem Dorf in der Nachbarschaft.

Sarada beschrieb später ihre Eltern folgendermaßen: „Mein Vater war ein rechtschaffener Mann, ein aufrichtiger Verehrer von *Ramachandra*. Er hatte solch ein gutes Herz und ein freundliches Wesen, dass er jeden, der an seinem Haus vorbeikam, zum Rauchen einlud. Er rauchte sehr gern Tabak und drehte die Zigaretten selbst. Meine Mutter war freundlich und arglos und liebte es, den Leuten zu essen zu geben. Sie kümmerte sich sorgfältig um alle Hausarbeiten und sammelte Dinge, die man das Jahr über brauchte. Sie sagte: ‚Mein Haushalt ist für Gott und Seine Verehrer.' Wie hätte ich in diese Familie geboren werden können, wenn mein Vater und meine Mutter nicht religiöse Entbehrungen geübt hätten?"[1]

BEL-BAUM, WO SHYAMASUNDARI EINE VISION HATTE

Über Saradas Geburt gibt es folgende Legende, die sie selbst erzählte: „Meine Geburt war wie die des Meisters [Ramakrishna]. Meine Mutter ging nach Sihar, um die Gottheit [im Tempel] zu besuchen. Auf dem Heimweg hatte sie plötzlich das Gefühl, ihre Notdurft verrichten zu müssen, und ging ins Gebüsch unter einen Baum in der Nähe. Es war ein falsches Empfinden. Sie fühlte, als würde Luft in ihren Leib eindringen, wodurch sie sich sehr schwer fühlte. Sie blieb in diesem Zustand. Dann sah die ein schönes Mädchen von fünf oder sechs, das einen roten Sari trug, vom Baum herunterklettern. Es legte seine zarte Arme um ihren Hals und sagte: ‚Ich komme zu dir, Mutter.' Meine Mutter fiel bewusstlos zu Boden und musste nach Hause

---

[1] Chetanananda: Sri Sarada Devi, S. 25

10

getragen werden. Das Mädchen trat in den Leib meiner Mutter ein, und so wurde ich geboren."[1]

SHYAMASUNDARI

Ramchandra war zu dieser Zeit in Kalkutta. Bevor er nach Jayrambati zurückkehrte, hatte auch er ein ungewöhnliches Erlebnis. Während seines Mittagsschlafs sah er in einem lebhaften Traum ein junges, wunderschönes Mädchen mit goldener Hautfarbe, das wertvolle Juwelen trug. Als sie ihn zärtlich umarmte, fragte er sie, wer sie sei. Sie antwortete: „Wie du siehst, bin ich in deine Familie gekommen." Ramchandra hielt das für ein günstiges Omen und interpretierte den Traum zunächst damit, dass Mutter *Lakshmi* (die Göttin des Wohlstands) sich ihm enthüllt hatte und er Geld verdienen könnte, wenn er in Kalkutta bei den Familien die Riten ausübte. Als er nach Jayrambati zurückkehrte, erzählte er seiner Frau seinen Traum und sie ihm ihr Erlebnis. Da kamen beide zu dem Schluss, dass eine Heilige in ihrer Familie geboren werden würde.

---

[1] ders., S. 27

11

Am Donnerstagabend, dem 22. Dezember 1853, wurde Sarada[1] als das erste Kind des Ehepaars geboren. Es wurde ein Muschelhorn geblasen, um die gute Neuigkeit zu verbreiten, wie es üblich war. Heute steht an ihrem Geburtsort ein Tempel, der am 19. April 1923 von Swami Saradananda, dem damaligen Sekretär des Ramakrishna-Math und der Ramakrishna-Mission, eingeweiht wurde. Das Mädchen erhielt den Namen Saradamani oder verkürzt Sarada. Ramchandra und Shyamasundari hatten in der Folge noch sechs weitere Kinder: die Tochter Kadambini und die fünf Söhne Prasanna, Umesh, Kalikumar, Barada und Abhay. Kadambini heiratete, starb aber jung und kinderlos. Umesh starb unverheiratet mit siebzehn oder achtzehn. Abhay starb kurz nach seinem Medizinstudium und hinterließ seine Frau Surabala und seine Tochter Radhu, die nach seinem Tod geboren wurde und eine bedeutende Rolle im späteren Leben von Sarada spielte. Die anderen Brüder Prasanna, Kalikumar und Barada ließen sich in eigenen Häusern im Dorf nieder.

Sarada half ihrer Mutter von Kindheit an beim Kochen und Putzen und bei der Arbeit mit der Schälmaschine für den Reis sowie bei der Erziehung ihrer jüngeren Geschwister. Sie holte Wasser vom Banerjee-Teich und balancierte den Krug auf ihrer Hüfte wie die anderen Dorffrauen. Sie pflückte Baumwolle auf den Feldern und knüpfte damit Brahmanenschnüre, womit sie ein wenig zum Familieneinkommen beitrug. Manchmal watete sie bis zum Hals im Wasser, um Gras für die Rinder zu schneiden, und brachte den Feldarbeitern das Essen.

Sie berichtete: „In einem Jahr wurde die Reisernte durch die Heuschrecken vernichtet, und ich sammelte die Reisstängel von einem Feld nach dem anderen. Ich begleitete meine Brüder, wenn sie im Amodar-Fluss badeten, der für uns der Ganges war. Nach dem Bad saßen wir am Ufer und aßen Puffreis, bevor wir nach Hause zurückkehrten. Ich fühlte mich immer vom Ganges angezogen."[2] Schließlich lernte sie schwimmen, indem sie einen leeren Krug nach unten hielt und ihn als Floß benutzte.

Sarada war vorausschauend und erledigte ihre Aufgaben, ohne dass man sie daran erinnern musste. Sie war ernst und nachdenklich und vermittelte,

---

[1] Sie wird auch oft Sarada Devi genannt. Devi bedeutet Göttin und wird gern den Frauennamen angehängt.
[2] ders., 29 f.

wenn die anderen Kinder in Streit gerieten. Sie liebte ihre Puppen, besonders *Kali* und *Lakshmi*, zwei Götterfiguren, die sie hingebungsvoll mit Blumen und heiligen Blättern verehrte. Zudem wurde sie mit der spirituellen Kultur Indiens vertraut, hörte den frommen Gesängen zu, nahm an den religiösen Dorffesten teil und sah den ländlichen Theateraufführungen von Stücken aus dem *Ramayana*, dem *Mahabharata* und dem Leben der Heiligen zu.

In ihren frühen Jahren machte sie die Erfahrung, dass sie eine spirituelle Begleiterin hatte, die ihr glich. So erzählte sie: „Ein junges Mädchen, das mir ähnlich sah, war mir immer zur Seite und half mir bei der Arbeit. Wir hatten großen Spaß miteinander. Doch sobald jemand anderer nahte, war sie verschwunden. Diese Erfahrung bestand fort, bis ich zehn oder elf Jahre alt war. Wenn ich in einen Teich stieg, um Gras für das Vieh zu schneiden, ging dieses Mädchen mit. Wenn ich ein geschnittenes Bündel ans Ufer getragen hatte und ins Wasser zurückging, um mehr Gras zu holen, sah ich, dass sie schon das nächste Bündel für mich bereit hatte."[1]

Obwohl es nicht üblich war, dass Mädchen lesen und schreiben lernten, wollte Sarada es lernen. Sie berichtete: „Ich begleitete meinen Bruder Prasanna und meinen Cousin Ramnath in die Volksschule unseres Dorfes und lernte das Alphabet. In Kamarpukur [vermutlich 1867] lasen Lakshmi [Ramakrishnas Nichte] und ich Barna Parichay, Teil 1[2], aber Hriday, der Neffe des Meisters [Ramakrishnas], schnappte mir das Buch weg. Er sagte: ‚Frauen sollten nicht lesen und schreiben lernen. Oder willst du später Dramen und Romane lesen?' Lakshmi war die Lieblingstochter der Familie. Deshalb musste sie ihr Buch nicht hergeben. Ich zahlte heimlich eine *Anna* für ein anderes Exemplar. Lakshmi lernte in der Schule und unterrichtete mich anschließend, wenn sie aus der Schule kam."[3]

Sarada und Lakshmi lernten später mit dem Sohn des Lagerverwalters im Tempel von Dakshineswar bis Barna Parichay, Teil 2. Ramakrishna kümmerte sich darum, dass sie das *Ramayana* und andere heilige Bücher lesen konnte. Sie lernte auch schreiben.

---

[1] ders., 30
[2] das erste Volksschulbuch von Ishwar Chandra Vidyasagar
[3] ders.

DER KALI-TEMPEL (MITTE) VON DAKSHNINESWAR

Während Sarada in der ländlichen Idylle von Jayrambati aufwuchs, entwickelte sich in Dakshineswar, in der Nähe von Kalkutta, ein spirituelles Drama. Ramakrishna, der 1836 im benachbarten Kamarpukur geboren worden war, war seiner spirituellen Berufung gefolgt und lebte als Tempelpriester der Mutter *Kali* in der von Rani Rasmani neu erbauten Tempelanlage. Sie war 1855 eingeweiht worden, und Ramakrishna war Priester im *Kali*-Tempel geworden. *Kali* wird dort als die Göttliche Weltenmutter *Bhavatarini* verehrt. Ramakrishna ging völlig in der Verehrung der Göttin auf und dachte an nichts anderes, als Sie zu schauen. Er verzehrte sich so sehr nach ihr, dass er völlig gotttrunken Essen und Schlaf vernachlässigte und Tag und Nacht in Meditation verbrachte. Die Außenwelt verlor für ihn jede Bedeutung. Sein Verhalten erinnerte immer mehr an das eines Irren, und es kam so weit, dass er nicht mehr in der Lage war, seinen Pflichten als Tempelpriester nachzukommen. Mathur, der Tempelverwalter und Schwiegersohn von Rani Rasmani, brachte ihn zu verschiedenen Ärzten, doch jede Behandlung erwies sich als wirkungslos.

Diese beunruhigende Entwicklung kam seiner Mutter Chandramani und seinem Bruder Rameswar in seinem Heimatdorf Kamarpukur zu Ohren.[1] Sie waren sehr besorgt. Um ihn aus seiner Raserei herauszuholen, wurde er im September 1858 nach Hause geschickt. Chandramani versuchte alles Mögliche – Arzneien, Riten und Exorzismus –, um ihren Sohn zu heilen. Schließlich schmiedete sie mit ihrem Sohn Rameswar einen Plan, um ihn von seiner spirituellen Raserei zu befreien und zu erden. Sie wollten ihn verheiraten. Ohne sein Wissen begannen sie, nach einer geeigneten Braut zu suchen, zuerst im Dorf, dann in der Nachbarschaft. Doch da der Brautpreis für ein älteres Mädchen zu hoch war und sie arm waren, hatten sie damit keinen Erfolg. Ramakrishna bemerkte, was im Gange war und wie niedergedrückt sie waren. Er weigerte sich nicht zu heiraten, sondern willigte heiter ein, wie ein Junge, der sich auf ein großartiges Familienfest freut. Schließlich gab er ihnen den konkreten Rat, in Jayrambati in der Familie von Ramchandra Mukherjee nach einer Braut zu suchen, indem er sagte: „Warum sucht ihr vergeblich hier und dort nach einem Mädchen? Geht zu Ramchandra Mukherjees Haus in Jayrambati, und ihr werdet dort ein Mädchen finden, das mit Stroh umwickelt ist."[2]

Es gibt noch eine andere Geschichte. Wenn Ramakrishna von Kalkutta in sein Heimatdorf Kamarpukur kam, besuchte er oft Sihar, wo sein Neffe Hriday wohnte, und verbrachte dort einige Tage. Einmal, als Ramakrishna zu Besuch war, gab ein berühmter Sänger in Hridays Haus eine Vorstellung. Shyamasundari war ebenfalls mit ihrer kleinen Tochter Sarada, die damals drei Jahre alt war, in ihrem Heimatdorf und besuchte mit dem Kind die Vorführung. Danach hänselten die Dorffrauen Sarada und fragten sie, wer von den Jungen sie heiraten wolle. Mit ihrem kleinen Finger zeigte sie auf Ramakrishna.

Jemand aus der Familie ging nach Jayrambati und kehrte mit der Nachricht zurück, dass die Braut erst fünf Jahre alt sei. Ramakrishna war bereits dreiundzwanzig. Für Chandramani war sie keine geeignete Partie, trotzdem

---

[1] Ramakrishnas Vater Khudiram war bereits gestorben, ebenso sein ältester Bruder Ramkumar. Sein zweitältester Bruder Rameswar war somit das Familienoberhaupt und musste in der Folge auch seine Hochzeit ausrichten.

[2] Chetanananda: Sri Sarada Devi, S. 37. Das bezieht sich auf einen örtlichen Brauch. Eine besonders schöne Frucht, die der Gottheit dargebracht werden soll, wird mit Stroh umwickelt, um sie von anderen Früchten zu unterscheiden.

stimmte sie zu. Rameswar zahlte 300 Rupien Brautgeld, und es wurde ein glückverheißender Tag für die Hochzeit bestimmt. Sie fand im Mai 1859 im Jayrambati statt. Kinderhochzeiten waren damals durchaus üblich und waren Verlobungen. Die Mädchen blieben bis zur Geschlechtsreife zu Hause und zogen erst dann in den Haushalt ihres Mannes. Doch diese Ehe war etwas Besonderes und sollte es auch bleiben. Ramakrishna betrachtete stets alle Frauen als die Göttliche Mutter, und Sarada blieb zeit ihres Lebens von sexuellen Wünschen befreit. So wurde die Ehe nie vollzogen.

Am Hochzeitstag kleideten die Dorffrauen Ramakrishna in einen *Dhoti* und einen *Chadar*, zeichneten einen Punkt aus Sandelpaste auf seine Stirn und legten eine Girlande um seinen Hals. Rameswars Frau Shakambhari war etwas traurig, da sie sich wegen ihrer Armut keine Musikanten für die Prozession des Bräutigams zum Haus seiner Braut leisten konnten. Um seine künftige Schwägerin aufzuheitern, machte Ramakrishna den Klang einer Trommel mit dem Mund nach und tanzte, wobei er seine Hände auf seine Hüften schlug, wie die Dorfmusikanten es taten. Jeder lachte. Rameswar konnte sich auch keine Sänfte für den Bräutigam leisten. Deshalb gingen Ramakrishna und seine Gefährten die drei Meilen nach Jayrambati zu Fuß. Die traditionelle Hochzeitsfeier wurde in der alten Lehmhütte von Saradas Familie begangen.

Bei einer Hindu-Hochzeit kommt dem Hochzeitsschmuck, den die Braut während der Zeremonie trägt, eine besondere Bedeutung zu. Er ist ein Zeichen für Glück, Wohlstand und Fruchtbarkeit und gehört fortan der Frau. Ramakrishnas Familie konnte sich jedoch keinen solchen Schmuck leisten. Deshalb hatte sich Chandramani den Hochzeitsschmuck von der wohlhabenden Familie der Lahas im Dorf ausgeliehen.

Die ganze Familie und viele Dorfbewohner waren zugegen. Der Priester wiederholte die Mantras, wie es Brauch war, und die Dorffrauen umrundeten Braut und Bräutigam, wobei sie 27 brennende Stäbchen in den Händen hielten. Ein Stück Garn, das mit Gelbwurz gefärbt war, wurde als Zeichen der Verbundenheit um das Handgelenk von Braut und Bräutigam gebunden.

Nach der Hochzeit richtete der Vater der Braut ein reiches Festmahl für die Gruppe des Bräutigams aus. Das Fest fand im Hof statt, und Saradas Hütte wurde als Brautgemach vorbereitet. Wie es der Brauch verlangte, versammelten sich die Dorffrauen und Freunde der Braut in diesem Brautgemach und scherzten mit dem Bräutigam. Als Ramakrishna so viele Frauen in dem Raum sah, dachte er an die verspielte Göttliche Mutter und begann in seiner melodiösen Stimme über sie zu singen. Die Frauen waren überrascht und gleichzeitig vom strahlenden Gesicht des Bräutigams verzaubert und vergaßen, mit ihm ihre Späße zu treiben. Ramakrishna war in dieser Nacht völlig in Ekstase. So war es eine ungewöhnliche Hochzeit.

Am Tag danach kehrte Ramakrishna mit Sarada nach Kamarpukur zurück. Da sie noch so jung war, trug ihr Onkel Ishwar sie auf seinen Schultern. Chandramani hieß die Braut mit den entsprechenden Zeremonien willkommen und richtete ein kleines Fest für die Freunde und Familienmitglieder aus. Sarada erinnerte sich später: „Ich wurde verheiratet, als die Datteln reiften. Ich kann mich nicht an den Monat erinnern. Während meines zehntägigen Aufenthalts dort las ich die reifen Datteln vom Boden auf. Eines Tages besuchte Dharmadas Laha [der Grundherr des Dorfes] mich und fragte. ‚Ist sie das frisch verheiratete Mädchen?'"[1]

Chandramani fürchtete sich vor dem Tag, an dem der geliehene Hochzeitsschmuck zurückgegeben werden musste. Ramakrishna bemerkte ihren Kummer. Er tröstete seine Mutter und nahm Sarada den Schmuck so sanft weg, während sie schlief, dass sie es nicht bemerkte. Er wurde sofort den Lahas zurückgegeben. Aber als das Mädchen aufwachte, fragte es: „Wo ist mein Schmuck?" Chandramani nahm sie auf ihren Schoß und tröstete sie mit den Worten: „Mein Liebling, später wird dir Ramakrishna einen schöneren Schmuck als diesen geben."[2] Doch damit war die Geschichte von dem Schmuck nicht beendet. Saradas Onkel Ishwar besuchte sie an diesem Tag. Als er von dem Vorfall erfuhr, war er so beleidigt, dass er Sarada sofort zurück nach Jayrambati brachte. Chandramani war tief verletzt, doch Ramakrishna meinte leichthin: „Was immer sie sagen oder tun, sie können die Hochzeit jetzt nicht mehr annullieren!"

Nach der Hochzeit blieb Ramakrishna ein Jahr und sieben Monate in Kamarpukur. Im Dezember 1860, als Sarada sieben war, besuchte er sie kurz

---

[1] ders., S. 40
[2] Ramakrishna erfüllte dieses Versprechen, als Sarada nach Dakshineswar kam. Er wies seinen Neffen Hriday an: „Sieh nach, wie viel Geld in deiner Box ist. Lass ihr ein paar goldene Armreife machen." Sie kosteten damals 300 Rupien. Ramakrishna gab ihr auch den ganzen Schmuck, den Mathur ihm besorgt hatte, als er *Madhura Bhava* ausübte und sich selbst als *Radha* betrachtete.

in Jayrambati. Sarada erinnerte sich, dass sie damals die Füße ihres Gatten gewaschen und mit dem Fächer getrocknet hatte, was ihre Freundinnen amüsierte.

Ramakrishna blieb anschließend nur noch wenige Tage in seinem Heimatdorf. Dann kehrte er nach Dakshineswar zurück und nahm sein altes Leben als Tempelpriester wieder auf. Heirat, Ehefrau und alles waren sofort vergessen, und er stürzte sich erneut in seine Ekstasen.

Sarada lebte bei ihren Eltern und verrichtete Hausarbeiten. 1864, als sie elf war, litt Bengalen an einer schrecklichen Hungersnot, der auch Jayrambati nicht entging. Die Leute kamen zu Ramchandra, der noch Reis und Linsen aus der Ernte vom Vorjahr hatte. In großen Töpfen wurden einfache Speisen gekocht und die Hungernden verköstigt. Doch Ramchandra bestand darauf, dass Sarada einen besonders guten Reis erhielt, der für sie gesondert gekocht wurde.

Sarada berichtete: „Viele hungrige Menschen kamen in unser Haus, um etwas zu essen zu erhalten, da unser überschüssiger Reis vom Vorjahr in einem Behältnis aufbewahrt worden war. Mein Vater kümmerte sich darum, dass mehrere Töpfe *Khichuri* aus diesem Reis, vermischt mit Linsen, gekocht wurden. Er sagte: ‚Alle Familienmitglieder werden dieses einfache Gericht essen und es mit den anderen teilen, aber für meine Sarada sollte etwas guter Reis gekocht werden.' Manchmal kamen so viele hungrige Menschen, dass das *Khichuri* ausging und neues gekocht werden musste. Wenn das frische, heiße *Khichuri* auf Blättern serviert wurde, fächelte ich immer mit dem Fächer, dass es schnell abkühlte. Ach, die Leute litten an unerträglichem Hunger und warteten!

Einmal kam eine Frau aus einer niedrigen Kaste mit struppigem Haar und blutunterlaufenen Augen ins Haus. Sie konnte ihren Hunger nicht länger ertragen, eilte in den Kuhstall und begann, den eingeweichten, gemahlenen Reis aus dem Viehtrog zu essen. Wir sagten ihr wiederholt, sie möge ins Haus kommen und *Khichuri* essen, aber sie war zu ungeduldig, um zu warten. Erst nachdem sie etwas von dem gemahlenen Reis gegessen hatte, hörte sie auf unser Rufen.

Was für eine schreckliche Hungersnot! Nach dieser Erfahrung begannen die Leute in der Erntezeit einen Vorrat an Reis anzulegen. […] Ist Hunger etwas

Geringes? Hunger und Durst bleiben so lange bestehen, wie der Mensch einen Körper hat."[1]

Diese Erfahrung prägte Sarada. Zeitlebens hat sie sich darum gekümmert, dass alle zu essen erhielten. Später kochte sie für ihren Mann und für seine Schüler.

DER HALDARPUKUR IN KAMARPUKUR

Sarada besuchte in ihrer Kindheit Kamarpukur zwei weitere Male für mehrere Wochen und wohnte bei ihrem Schwager Rameswar, ihrer Schwägerin Shakambhari und anderen Verwandten ihres Mannes. Ihre Schwiegermutter lebte inzwischen bei Ramakrishna in Dakshineswar.

Einmal hatte sie dort ein seltsames Erlebnis. Sie erinnerte sich: „Als ich dreizehn war, ging ich nach Kamarpukur. Der Meister war damals in Dakshineswar. Ich blieb einen Monat dort und kehrte dann nach Jayrambati zurück. Nach fünf oder sechs Monaten kehrte ich nach Kamarpukur zurück und blieb eineinhalb Monate. Ich lebte bei meinem Schwager, meiner Schwägerin und anderen. Ich dachte: ‚Ich bin eine neuvermählte Braut. Wie

[1] ders., S. 32-34

soll ich allein im Haldarpukur[1] baden?' Einmal verließ ich das Haus durch die Hintertür und sorgte mich wegen dieser Sache, als plötzlich acht junge Mädchen aus dem Nichts auftauchten.[2] Als ich mich zum See aufmachte, gingen vier vor mir und vier hinter mir her. So bewacht ging ich ins Wasser, und wir alle badeten zusammen. Danach brachten sie mich nach Hause. Das geschah jeden Tag während meines Besuchs in Kamarpukur. Ich fragte mich, wer diese Mädchen seien, konnte es aber nicht herausfinden."[3]

1867 kam Ramakrishna zu einem längeren Besuch nach Kamarpukur. Sarada hatte ihn sechseinhalb Jahre nicht gesehen. Er hatte den Weg spiritueller Übungen beschritten, war von seiner ersten Lehrerin, der *Bhairavi*, im *Tantra* unterrichtet worden und hatte verschiedene vishnuitische Übungen gemacht. Zudem war er von Totapuri ins *Vedanta* eingeführt worden und war danach sechs Monate im Zustand von *Nirvikalpa Samadhi* fast ohne Körperbewusstsein gewesen. Er hätte diese Zeit wohl nicht überlebt, hätte nicht ein Mönch ihm bei jeder Gelegenheit Nahrung in den Mund gelegt. Dann erkrankte er heftig an der Ruhr, und die Schmerzen brachten ihn wieder zum normalen Zustand zurück. Nach all den Strapazen tat ihm die ländliche Umgebung von Kamarpukur gut. Sein Neffe Hriday und die *Bhairavi*, begleiteten ihn. Er wurde fast wieder sein altes, unbeschwertes Selbst, unterhielt die ländliche Bevölkerung mit seinen Späßen und frommen Geschichten wie früher, zog sich aber immer wieder zum Meditieren auf den Einäscherungsplatz zurück.

Sarada wurde nach Kamarpukur gebracht und verbrachte sechs Monate bei ihrem Gatten. Sie war inzwischen vierzehn. Für die Hindufrau war ihr Mann ihre alleinige Zuflucht und Stütze. Ramakrishna erkannte seine Verantwortung ihr gegenüber und begann, sie in allem zu unterrichten. Er lehrte sie, wie sie ihre Haushaltspflichten erfüllen und mit Geld umgehen sollte, aber auch, wie sie dem Guru und den Gästen dienen und sich den Menschen gegenüber verhalten sollte. Er sprach stundenlang mit ihr und ihren Gefährtinnen über spirituelle Themen und seine eigenen Erfahrungen.

---

[1] See in Kamarpukur
[2] Nach der Hindu-Mythologie hat die Göttliche Mutter acht Mädchen als Dienerinnen.
[3] ders., S. 42

Sarada berichtete: „Der Meister litt an Magenbeschwerden. Ich war damals sehr jung. Früh am Morgen wachte er auf und sagte zu mir: ‚Bitte koche zum Mittagessen dies und jenes.' Meine Schwägerin und ich kochten, was er wollte. Eines Tages war kein Panchphoran[1] zum Würzen vorrätig. Meine Schwägerin bat mich, ohne das Gewürz zu kochen. Der Meister hörte ihre Worte und sagte: ‚Wie ist das möglich? Wenn du das Gewürz nicht dahast, besorge es dir im Dorfladen. Es gehört sich nicht, ein Gericht ohne das richtige Gewürz zu kochen. Ich habe den Reisbrei und die leckeren Gerichte vom Tempel in Dakshineswar zurückgelassen und bin hergekommen, um Auberginencurry zu genießen, das mit Panchphoran gewürzt ist, und du willst es mir vorenthalten. Das geht nicht!' An einem anderen Tag sagte er zu mir: ‚Bitte bereite eine Linsensuppe aus fünf Linsenarten und Gewürzen so zu, dass es zischt!'[2]

Eines Morgens sagte er: ‚Heute will ich diesen besonderen Spinat essen. Bitte kocht ihn für mich.' Meine Schwägerin und ich sammelten den Spinat und bereiteten ihn für ihn zu. Nach einigen Tagen sagte er: ‚Jetzt bin ich in einen schönen Schlamassel geraten! Sobald ich das Bett verlasse, spreche ich nur vom Essen. Du meine Güte! Jetzt habe ich allen Genuss am Essen verloren und werde essen, was immer ihr kocht.'"[3]

Ramakrishna sprach seine Lehrerin, die *Bhairavi*, mit „Mutter" an. Deshalb betrachtete Sarada sie als ihre Schwiegermutter. Doch die Brahmanin war hitzig, und Sarada hatte Angst vor ihr. Sarada erzählte: „Sie mochte gern Chili und kochte ihr eigenes Essen, das sehr scharf war. Sie gab mir davon. Ich aß es schweigend und wischte mir immer die Tränen ab. Wenn sie mich fragte: ‚Wie ist es?', antwortete ich furchtsam: ‚Sehr gut!' Meine Schwägerin kommentierte: ‚Oh, es ist furchtbar scharf.' Die Brahmanin ärgerte sich über diese Kritik an ihrer Kochkunst und rief: ‚Meine Tochter sagt, dass es

---

[1] eine Mischung aus fünf Gewürzen: echtem Kümmel, Fenchel, Kreuzkümmel, schwarzem Kümmel und Bockshornklee
[2] Damit spielte er auf eine bestimmte Art des Würzens an. Scharfe Gewürze und roter Chili werden in einer tiefen Pfanne in heißem Öl angebraten. Dann wird die Suppe oder der Eintopf untergerührt, was laut zischt. Ramakrishna mochte diese Art des Würzens.
[3] ders., S. 43 f.

21

ihr schmeckt. Dich kann nichts zufriedenstellen. Ich werde dir nichts mehr von meinem Essen geben.‘“[1]

Ramakrishna war oft zu Späßen aufgelegt. So erinnerte sich Sarada an folgenden Vorfall: „In Kamarpukur haben Lakshmis Mutter und ich zusammen gekocht. Sie konnte sehr gut kochen. Eines Tages saßen der Meister und Hriday bei ihren Mahlzeiten. Der Meister zeigte auf eine Zubereitung von Lakshmis Mutter und sagte: ‚Oh Hridu, derjenige, der dies gekocht hat, kann mit dem Arzt Ramdas verglichen werden.‘ Und als er das von mir zubereitete Curry probierte, sagte er: ‚Ach, derjenige, der dies gekocht hat, ist Srinath Sen.‘ Ramdas war ein berühmter Arzt, während Srinath Sen nur ein Quacksalber war. Hriday entgegnete: ‚Das stimmt. Aber dein Quacksalber leistet dir jederzeit alle möglichen Dienste und massiert sogar deine Füße. Du brauchst nur nach ihr zu rufen, und sie kommt. Aber der Arzt Ramdas nimmt viel Geld für seinen Besuch, und man kann ihn nicht zu jeder Zeit bekommen. Außerdem konsultieren die Leute zuerst einen Quacksalber. Er ist immer dein Freund.‘ Der Meister sagte: ‚Das ist wahr, das ist wahr. Sie ist immer verfügbar.‘“[2]

Ramakrishna war immer gut gelaunt. So berichtete Sarada: „Ich sah sein Gesicht nie traurig oder mürrisch. Er strahlte immer Freude aus, ob er in *Samadhi* versunken war, in der Gesellschaft einer älteren Person oder eines fünfjährigen Kindes. Ich habe ihn nie niedergeschlagen gesehen.“ „In dieser Zeit hatte ich immer das Gefühl, als würde ein Krug, der randvoll mit Seligkeit ist, in mein Herz gestellt. Ich kann diese göttliche Freude nicht beschreiben.“[3]

Einmal wurde in einem Nachbardorf ein religiöses Schauspiel aufgeführt. Sarada und die anderen Frauen der Familie wollten es sehen, aber Ramakrishna erlaubte es ihnen nicht. Die Frauen waren verletzt. Ramakrishna tröstete sie, indem er sagte, dass er das Schauspiel sehen und ihnen davon berichten würde. Als er zurückkam, spielte er das ganze Schauspiel bis ins letzte Detail nach. Er besaß ein außerordentlich gutes Gedächtnis und eine große schauspielerische Begabung.

---

[1] ders., S. 45
[2] Gospel, S. 161
[3] Chetanananda: Sri Sarada Devi, S. 46

Am Abend sprach Ramakrishna stundenlang mit Sarada und ihren Gefähr-tinnen über spirituelle Dinge und seine eigenen Erfahrungen. Er unterhielt sie mit Geschichten und Witzen. Da Sarada nach einem langen Tag voller Hausarbeit müde war, schlief sie manchmal auf dem Boden ein. Ihre Ge-fährtinnen versuchten, sie aufzuwecken, und sagten zu ihr: „Du schläfst! Du versäumst solch unbezahlbare Worte." Ramakrishna meinte dann: „Weckt sie nicht auf. Wenn sie alles hört, was ich sage, wird sie nicht auf dieser Erde bleiben. Sie wird ihre Flügel ausbreiten und davonfliegen."[1]

Nachdem Ramakrishna sieben Monate in Kamarpukur verbracht hatte, kehrte er nach Dakshineswar zurück und Sarada nach Jayrambati.

---

[1] ders., S. 47

SARADAS ERSTER BESUCH IN DAKSHINESWAR

Vier Jahre vergingen. Ramakrishna war erneut in seinen Ekstasen versunken, verhielt sich höchst seltsam und galt zunehmend als verrückt. Diese Nachrichten erreichten Jayrambati.

Sarada war inzwischen achtzehn. Sie wartete, dass Ramakrishna nach ihr schicken würde, doch die Zeit verging, und nichts geschah. Sie hörte die beunruhigenden Nachrichten von seinem seltsamen Benehmen und musste den Dorfklatsch ertragen, dass sie mit einem Verrückten verheiratet sei. Am Bade-Ghat schwatzten die Frauen über sie. Selbst zu Hause hatte Sarada keinen Frieden. Ihre Mutter klagte: „Ich habe meine Tochter mit einem Verrückten verheiratet. Es ist, als hätte ich sie mit gefesselten Händen und Füßen ins tiefe Wasser geworfen!" Sarada war von diesen Bemerkungen verletzt und mied die Öffentlichkeit. Um sich abzulenken, beschäftigte sie sich mit dem Haushalt. Sie berichtete über diese schwierige Zeit: „Man muss immer beschäftigt sein. Arbeit hält den Körper und den Geist in einer guten Verfassung. Während meiner Jugend in Jayrambati beschäftigte ich mich bei Tag und Nacht und besuchte niemanden. Wenn ich es einmal tat, hörte ich die Leute sagen: ‚Shyamas Tochter wurde mit einem Verrückten verheiratet!' Ich mied die Leute, damit ich keine solchen Bemerkungen hören musste."[1]

Wenn die Situation für sie unerträglich wurde, besuchte sie ihre Tante Bhanu, eine Witwe, die in der Nähe lebte und sehr mitfühlend war. Sie erkannte, wie es wirklich um Ramakrishna stand, dass er nicht verrückt geworden war, sondern von göttlicher Trunkenheit überkommen. Einmal sagte sie zu Shyamasundari: „Dein Schwiegersohn ist *Shiva* selbst und auch *Krishna*. Du kannst das jetzt nicht verstehen, aber du wirst es in der Zukunft verstehen. Denk an meine Worte."[2]

Sarada war vor Angst und Zweifel über die Gesundheit ihres Mannes hin- und hergerissen. War er noch derselbe, den sie bei ihrem letzten Zusammensein erlebt hatte, oder war er wirklich verrückt geworden? Sie musste es herausfinden. Als seine Frau war es zudem ihre Pflicht, an seiner Seite zu

---

[1] Chetanananda: Sri Sarada Devi, S. 52
[2] ders.

stehen, wenn es ihm schlecht ging. So beschloss sie, zu ihm zu reisen, als sich eine günstige Gelegenheit ergab. Eine Gruppe von Dorffrauen wollte das jährliche *Dol-Purnima*-Fest in Dakshineswar besuchen, das auf den 25. März 1872 fiel. Sie wollte sich ihnen anschließen. Ihr Vater war damit einverstanden und war bereit, sie zu begleiten.

Mitte März 1872 machte sich die Gruppe der Frauen mit Sarada und ihrem Vater auf den Weg nach Kalkutta. Damals gab es viele Straßenräuber. Deshalb reisten die Leute immer in Gruppen. Die meisten Leute gingen zu Fuß, außer die Wohlhabenden, die sich eine Sänfte leisten konnten. Es war eine mehrtägige, anstrengende Wanderung von 64 Meilen. Sie führte über die fünf Flüsse Amador, Dwarakeshwar, Mundeshwar, Damodar und den Ganges und entlang großer Reisfelder und schöner Lotusteiche. Die Gruppe machte unter dem Schatten von Peepal- oder Banjan-Bäumen Rast und verbrachte die Nächte in Herbergen am Wegesrand.

Sarada und ihre Gefährtinnen wanderten glücklich zwei oder drei Tage lang, aber dann begannen Saradas Füße zu schmerzen. Sie hatte nie eine solch lange Wanderung unternommen. Da sie barfuß war, hatte sie Blasen und Schrammen an den Füßen. Zudem bekam sie unterwegs Malaria und hohes Fieber. Ramchandra war sehr besorgt. Er machte mit seiner Tochter in einer Herberge Rast. Nachdem er Sarada mit einem *Chadar* zugedeckt hatte, damit sie nicht vor Schüttelfrost zitterte, ging er, um Essen und Wasser zu besorgen.

Sarada war sehr bekümmert, weil sie krank geworden war. In dieser Nacht hatte sie jedoch eine wundervolle Vision. „Ich lag fast bewusstlos mit Fieber da, ohne ein Empfinden für den äußeren Anstand. Da sah ich ein Mädchen, das zu mir kam und sich neben mich setzte. Sie hatte eine schwarze Hautfarbe.[1] Ich habe nie zuvor eine solche Schönheit gesehen. Sie strich mit ihrer Hand über meinen Kopf und Körper. Das war so sanft und kühlend, dass das Hitzeempfinden in meinem Körper nachließ. Ich fragte: ‚Woher kommst du?‘ Sie antwortete: ‚Ich komme aus Dakshineswar.‘ Erstaunt sagte ich: ‚Aus Dakshineswar! Dort möchte ich sein, um meinen Mann zu sehen und mich um ihn zu kümmern. Aber jetzt habe ich dieses Fieber, und vielleicht sehe ich ihn nie wieder.‘ ‚Was sagst du da?‘, antwortete das Mädchen. ‚Natürlich wirst du nach Dakshineswar kommen. Sobald es dir besser geht,

---

[1] Die Göttin *Kali* hat eine schwarze Hautfarbe.

wirst du zu ihm gehen. Ich habe mich für dich um ihn gekümmert.' Ich sagte: ,Wie gut du bist! Sag, bist du eine Verwandte?' ,Ich bin deine Schwester', erwiderte sie. Ich sagte: ,Ach, deshalb bist du zu mir gekommen!' Dann schlief ich ein."[1]

Am nächsten Morgen stellte Ramchandra fest, dass das Fieber seiner Tochter nachgelassen hatte. Er dachte, es sei besser, langsam weiterzuwandern, anstatt in der Raststätte zu bleiben. Sarada stimmte ihm gern zu. Nachdem sie eine Weile gegangen waren, fanden sie eine Sänfte für sie. Ihr Fieber kehrte zwar zurück, aber es war nicht mehr so heftig wie am Vortag. Deshalb sagte sie nichts davon. Sie kamen in Baidyabati an und nahmen von dort ein Boot nach Dakshineswar. Um neun Uhr an diesem Abend erreichte die Gruppe die Tempelanlage.

TEMPELANLAGE IN DAKSHINESWAR VOM GANGES AUS

Die große Tempelanlage in Dakshineswar hatte Rani Rasmani, eine sehr wohlhabende Frau, am Gangesufer erbauen lassen. Sie war 1955 eingeweiht worden und bestand aus dem Haupttempel der Muttergöttin *Kali*, dem

---

[1] ders., S. 54

Vishnu-Tempel mit den Statuen von *Krishna* und *Radha* und zehn kleinen *Shiva*-Tempeln. Hinzu kamen eine Musikhalle, zwei Nahabats (Musiktürme), Lagerräume, Küchen, Zimmer für die Gäste und auch das Zimmer, in dem Ramakrishna wohnte. Alles lag in einer weitläufigen, imposanten Gartenanlage.

Ramakrishna, der mit seinem ältesten Bruder Ramkumar nach Kalkutta gekommen war, lebte seit der Einweihung der Anlage dort. Die beiden Haupttempel benötigten Tempelpriester. Zunächst war Ramkumar, der auch den Tempel eingeweiht hatte, für den Tempeldienst im *Kali*-Tempel verantwortlich, später Ramakrishna. Mathur, der Schwiegersohn der Rani, kümmerte sich um die Verwaltung. Er hing sehr an Ramakrishna und versorgte ihn mit allem Nötigen. Die Rani und er verehrten ihn wie einen Guru und nannten ihn „Vater". Bei Ramakrishna lebte Hriday, der Sohn einer Cousine Ramakrishnas – in Indien wird dieser Verwandtschaftsgrad als entfernter Neffe bezeichnet –, der sich um ihn kümmerte.

Als Sarada aus dem Boot stieg, hörte sie Ramakrishna zu Hriday sagen: „Oh Hriday, das ist ihr erster Besuch. Ich hoffe, die Stunde ist verheißungsvoll." Ermutigt ging Sarada direkt in sein Zimmer, während ihre Gefährten draußen warteten.

Sobald Ramakrishna Sarada sah, sagte er: „Also bist du gekommen. Sehr gut. Ich bin sehr glücklich." Als er hörte, dass sie krank war, meinte er bekümmert: „Du bist so spät gekommen. Ach, mein Mathur lebt nicht mehr, um sich um dich zu kümmern. Seit er gestorben ist, fühlt es sich an, als hätte ich meinen rechten Arm verloren."[1]

Danach wollte Sarada ins Nahabat (Musikturm) gehen, wo Ramakrishnas Mutter, die 1863 zu ihm gekommen war, lebte. Doch Ramakrishna wollte, dass sie in seinem Zimmer blieb, da der Arzt sich dort besser um sie kümmern konnte.

Inzwischen war es bereits zehn Uhr abends, und es gab nichts Gekochtes mehr zu essen. Hriday brachte zwei oder drei Körbe mit Puffreis für Sarada und ihre Gefährtinnen. Eine Matte wurde für sie auf dem Boden

---

[1] ders., S. 56. Mathur war wenige Monate zuvor gestorben.

ausgebreitet, und eine der mitgereisten Frauen verbrachte die Nacht bei ihr. Ihr Vater und die anderen übernachteten in anderen Räumen des Tempelkomplexes.

Sarada war erleichtert. Ihr Mann hatte einen völlig normalen Eindruck gemacht, war liebevoll und kümmerte sich um sie. Er hatte sie nicht vergessen und war freundlich zu ihr, wie immer. Sie wusste, dass er 1864 bei Totapuri die Mönchsgelübde abgelegt hatte. Trotzdem ließ er sie jetzt in seinem Zimmer schlafen.

Die gute medizinische Behandlung und eine besondere Diät bewirkten, dass Sarada in wenigen Tagen gesund wurde. Ramakrishna selbst überwachte die Behandlung und sorgte dafür, dass sie tagsüber bei seiner Mutter im Nahabat war. Nachts schlief sie in seinem Zimmer.

NAHABAT

Sarada erkannte, dass es fortan ihre Pflicht war, Ramakrishna und seiner Mutter zu dienen. Ihr Vater war froh über die Entwicklung der Dinge und kehrte nach einigen Tagen beruhigt nach Hause zurück.

Sarada wurde die erste Schülerin Ramakrishnas. Er hatte sie bereits 1867, als er in Kamarpukur gewesen war, unterwiesen. Das setzte er jetzt fort. Er unterwies sie wie bereits zuvor nicht nur spirituell, sondern auch in ihren Haushaltspflichten, und beobachtete sie genau, um zu sehen, ob sie seine Anweisungen auch ausführte. Er sagte zu ihr: „Wie Onkel Mond allen Kindern lieb ist, so ist Gott allen Lebewesen lieb. Jeder hat das Recht, Gott anzurufen. In Seiner Gnade enthüllt Er sich allen, die Ihn anrufen. Auch du wirst Ihn sehen, wenn du Ihn nur anrufst."[1]

RAMAKRISHNA IN SEINEM ZIMMER

Sarada sagte über ihre erste Zeit in Dakshineswar: „Während der Mondnächte betrachtete ich die Widerspiegelung des Mondes im ruhigen Wasser des Ganges und betete mit Tränen in den Augen zu Gott: ,Oh Herr, selbst der Mond hat Flecken. Aber lass meinen Geist völlig makellos sein.'"[2]

Wenn Sarada in Ramakrishnas Zimmer übernachtete, stellten sie einander auf die Probe. So sagte Ramakrishna eines Nachts, als sie in sein Zimmer kam: „Sag mir, ob du gekommen bist, um mich zum weltlichen Leben hinunterzuziehen." „Sicher nicht", antwortete sie, ohne zu zögern. „Warum

---

[1] ders., S. 60
[2] ders.

29

sollte ich dich in die Welt ziehen? Ich bin hier, um dir zu helfen, dein spirituelles Ideal zu verwirklichen."

Eines Tages prüfte auch sie ihn und fragte ihn, als sie seine Füße massierte: „Als was betrachtest du mich?" Er antwortete: „Die Mutter, die im Tempel verehrt wird, ist auch die Mutter, die diesen hier (auf sich zeigend) geboren hat und jetzt im Nahabat lebt, und dieselbe Mutter massiert jetzt meine Füße. Wahrlich, ich betrachte dich immer als die Verkörperung der Seligen Weltenmutter."[1]

Sarada schlief acht Monate lang in einem Bett neben ihrem Mann. Saradananda schrieb in seiner Ramakrishna-Biografie: „Als Sarada eines Nachts neben Ramakrishna schlief, sagte er zu sich: ‚Dies, oh Geist, ist ein Frauenkörper. Die Leute betrachten ihn als ein Objekt großer Freude, ein hochgeschätztes Ding, und sie streben danach, ihn zu genießen. Aber wenn man sich darauf einlässt, muss man vom Körperbewusstsein besessen bleiben. Man kann es nicht überwinden und Gott, der Sein-Bewusstsein-Seligkeit ist, erkennen. Oh Geist, hege nicht den einen Gedanken im Innern und eine gegenteilige Haltung nach außen. Sage wahrheitsgemäß, ob du ihn willst oder Gott. Wenn du ihn willst, ist er hier vor dir. Dann habe ihn.' Auf diese Weise übte er Unterscheidung, aber kaum hegte er den Gedanken, Sarada zu berühren, verlor er sich in tiefem *Samadhi* und kam in dieser Nacht nicht wieder zum normalen Bewusstsein zurück. Am nächsten Morgen musste man ihn mit großer Anstrengung zum normalen Bewusstsein zurückbringen, indem man wiederholt den Namen Gottes in seine Ohren sprach.

So verging mehr als ein Jahr. Ramakrishna sagte darüber: ‚Wäre sie (die Heilige Mutter) nicht so rein gewesen, hätte sie die Kontrolle über sich selbst verloren und mich bestürmt, wer weiß, ob meine Selbstkontrolle nicht zusammengebrochen und mein Körperbewusstsein erwacht wäre. Ich habe die Göttliche Mutter nach meiner Hochzeit angefleht, ihren Geist völlig frei von Lust zu bewahren. Da ich zu dieser Zeit mit ihr gelebt habe, wusste ich, dass die Göttliche Mutter mich erhört und meine Bitte gewährt hat.'"[2]

---

[1] ders., S. 60
[2] Saradananda: Great Master I, S. 334

DIE SHODASHI PUJA UND DIE ZEIT DANACH

Nach dem *Tantra* manifestiert sich die Göttliche Mutter in verschiedenen Gestalten, je nachdem, ob sie erschafft, erhält oder zerstört. Sie ist beides, grausam und gütig. *Shodashi* ist die reinste Gestalt der Göttlichen Mutter. Es war üblich, diese Gestalt in einem jungen Mädchen von etwa sechzehn zu verehren. Ramakrishna hatte das bereits früher getan.

Die Neumondnacht der *Phalaharini Kali Puja*[1] fiel in diesem Jahr auf den 5. Juni 1872. Dieser besondere Festtag wird auch im *Kali*-Tempel von Dakshineswar begangen. Ramakrishna wollte die Göttliche Mutter in ihrer *Shodashi*-Gestalt verehren und wählte als Repräsentantin dafür seine eigene Frau.

HOLZBRETT, AUF DEM SARADA WÄHREND DER
SHODASHI PUJA SASS

Sarada berichtete: „Der Meister übte die *Shodashi Puja* eineinhalb Monate nach meiner Ankunft in Dakshineswar aus. Es war die Nacht der *Phalaharini Kali Puja*. Die Leute waren vom festlichen Singen und der Musik im Tempel begeistert. Etwa um neun Uhr abends schickte er nach mir und ließ mich in sein Zimmer kommen. Hriday hatte alle nötigen Vorbereitungen für die Verehrung getroffen. Dinu, einer der entfernten Neffen des Meisters, hatte Blumen und Bel-Blätter für die Verehrung gepflückt. Der Meister war

---

[1] *Phala* bedeutet Früchte des Handelns und *Phalaharini* die Frau, die die Früchte des Handelns wegnimmt, das heißt, *Kali, die* das *Karma* beseitigt.

allein im Zimmer. Er bat mich, mich auf einen niederen Holzsitz zu setzen. Ich setzte mich und blickte in die nordöstliche Richtung des Zimmers, wo der Krug mit Gangeswasser stand. Der Meister saß bei der westlichen Tür und blickte nach Osten. Alle Türen waren geschlossen. Die Artikel für die Verehrung standen zu meiner Rechten. Zuerst bemalte er meine Füße mit Alta (einer roten Farbe), zeichnete meine Stirn mit Zinnoberrot und kleidete mich in ein neues Gewand. Dann gab er mir Süßigkeiten und eine Betelrolle zu essen. Ich sah, wie er all das tat, hatte aber keinen Wunsch, etwas zu sagen. Ich war in Ekstase und hatte die äußere Welt vergessen. Deshalb weiß ich nicht genau, wie die Verehrung weiterging. Schließlich verneigte ich mich vor ihm und kehrte ins Nahabat zurück."[1]

Sarada nahm ihre Haushaltspflichten wieder auf, kochte, putzte und bediente ihren Gemahl und ihre Schwiegermutter. Sie schlief weitere sechs Monate im Zimmer des Meisters. Später beschrieb sie diese Nächte folgendermaßen: „Es ist nicht möglich, seine spirituelle Stimmung in dieser Zeit zu beschreiben. In seinem gottberauschten Zustand sagte er manchmal mir Unverständliches. Manchmal lachte er, manchmal weinte er und manchmal war er bewegungslos wie ein Leichnam in *Samadhi*. Auf diese Weise verging die ganze Nacht. Mein Körper zitterte vor Angst, und ich erwartete sehnsüchtig den Tagesanbruch. Damals wusste ich fast nichts über *Samadhi*.

Eines Nachts kam sein Geist lange Zeit nicht zum normalen Bewusstsein zurück. Ich hatte Angst und schickte nach Hriday. Er kam und sprach dem Meister eine Zeit lang wiederholt den Namen des Herrn ins Ohr. Erst dann erlangte er seine normale Stimmung wieder. Nach diesem Tag lehrte mich der Meister verschiedene Mantras und sagte mir auch, wie ich sie bei verschiedenen Arten von *Samadhi* anwenden konnte. So wurde ich allmählich meine Angst los und konnte seinen Geist vom *Samadhi* herunterbringen. Aber da ich nicht wusste, wann er in *Samadhi* fallen würde, war ich die ganze Nacht wach. Als er meine Notlage bemerkte, bat er mich, im Nahabat zu schlafen."[2]

Ein Nahabat ist ein zweistöckiger Musikturm in einer Tempelanlage, wobei normalerweise die Musiker auf dem zweiten Stockwerk sitzen und bei Festen oder beim Gottesdienst spielen. Es gibt zwei Nahabats im Tempelgarten

---

[1] Chetanananda: Sri Sarada Devi, S. 65
[2] ders., S. 66-68

von Dakshineswar – eines im Süden und das andere im Norden. Sarada lebte mit ihrer Schwiegermutter im nördlichen Nahabat. Es steht nur wenige Meter von Ramakrishnas Zimmer entfernt, sodass sie schnell zu ihm hinübergehen konnte. Chandramani wohnte oben und Sarada unten. Vom Dach des Nahabat hat man einen wundervollen Blick über den Ganges, den Tempelkomplex und die Blumengärten. Der untere achteckige Raum ist nur etwa zweieinhalb Meter lang und ebenso breit, die Decke 2,80 Meter hoch. Die Tür ist nur 1,30 Meter hoch – man muss sich also bücken, um einzutreten. Der winzige Raum besitzt nur zwei Öffnungen zur Belüftung, keine Fenster, und wird von einer Veranda mit Säulen umgeben.

NAHABAT LINKS, RAMAKRISHNAS ZIMMER RECHTS

Sarada erinnerte sich: „Der Eingang war so niedrig, dass ich anfangs mit dem Kopf gegen den oberen Türrahmen stieß. Eines Tages bekam ich eine Schramme am Kopf. Dann habe ich mich daran gewöhnt. Der Kopf beugte sich von selbst, sobald ich mich der Tür näherte. Viele kräftige aristokratische Frauen aus Kalkutta kamen häufig dorthin. Sie gingen nie hinein. Sie standen an der Tür, lehnten sich vor und hielten sich am Türpfosten fest.

Und wenn sie hineinspähten, sagten sie zu mir: ‚Ach, was für ein winziges Zimmer für unser gutes Mädchen! Sie lebt wie *Sita* im Exil.'"[1]

DIE KÜCHE IM NAHABAT UNTER DER TREPPE

Der winzige Raum im Nahabat diente Sarada als Schlafzimmer, Wohnzimmer, Schrein, Lagerraum und auch als Gästezimmer, wenn Ramakrishnas Nichte Lakshmi und Verehrerinnen aus Kalkutta die Nacht dort verbringen wollten. Um die Intimsphäre der Frauen zu wahren, war die Veranda mit Bambusmatten umspannt. An der Ostseite führte eine Treppe hoch, unter der Sarada ihre Küche hatte, die ebenfalls äußerst beengt war. Dort kochte sie für Ramakrishna und seine Besucher.

Sarada war mit ihrer Hausarbeit beschäftigt und vergaß sich selbst im Dienst für ihren Mann und ihre Schwiegermutter. Chandramani war inzwischen so

---

[1] Gospel, S. 38

gebrechlich, dass sie sich kaum bewegen konnte und in allem völlig von ihrer Schwiegertochter abhing.

Trotz dieses anstrengenden und entbehrungsreichen Lebens im Nahabat erlebte Sarada viele freudvolle Stunden. Sie sagte: „Was für ein unvergleichlicher Mann er war! Wie viele Menschen hat er erleuchtet! Welch beständige Seligkeit hat er ausgestrahlt! Tag und Nacht hallte sein Zimmer von Lachen, Geschichten, Gesprächen, Gesängen und Musik wider. Der Meister sang, und ich hörte ihm stundenlang zu, indem ich hinter dem Schirm des Nahabat stand. Welche freudvollen Tage erlebten wir! Die Leute strömten bei Tag und Nacht zu ihm, und das spirituelle Gespräch hörte nie auf."[1]

Ramakrishna achtete Sarada sehr und behandelte sie immer mit Respekt. Eines Tages kam sie mit dem Essen in sein Zimmer. Er hielt sie für seine Nichte Lakshmi und bat sie beiläufig, die Tür zu schließen, wobei er sie mit „tui" ansprach, einem Ausdruck, der „du" bedeutet, aber für jüngere oder untergeordnete Personen verwendet wird. Als Sarada antwortete, fühlte er sich sehr verlegen und sagte: „Ach, du bist es? Ich dachte, es sei Lakshmi. Bitte verzeih mir." Sarada versuchte, ihn zu beruhigen, und sagte, es sei nichts Falsches daran, dass er sie so ansprach. Doch Ramakrishna war nicht zufrieden. Am nächsten Morgen ging er zum Nahabat und sagte zu ihr: „Ich konnte die ganze Nacht nicht schlafen. Ich war so besorgt, weil ich unhöflich mit dir gesprochen habe." Diese Begebenheit erwähnte sie in späteren Zeiten oft, besonders wenn sich einige ihrer unvernünftigen Verwandten respektlos verhielten. „Ich war mit einem Mann verheiratet, der mich nie mit ‚tui' ansprach. Ach, wie er mich behandelt hat! Nicht ein einziges Mal hat er mir ein hartes Wort gesagt oder meine Gefühle verletzt. Er hat mich nicht einmal mit einem Blumenstrauß geschlagen!"[2]

Einige Frauen aus Dakshineswar, die den *Kali*-Tempel besuchten, freundeten sich mit Sarada an. Natürlich fragten die Frauen sie, warum sie keine Kinder hatte. Deshalb sagte sie eines Tages zu ihrem Mann: „Wenn wir kein Kind haben, wie wird dann die Familie fortbestehen?" Er antwortete: „Was nützt es, nur einen Sohn zu haben? Bald wirst du so viele Söhne und Töchter haben, dass du erschöpft sein wirst, dich um sie alle zu kümmern. Sieh, dieser Körper existiert im einen Augenblick und stirbt im nächsten. Die

---

[1] Chetanananda: Sri Sarada Devi, S. 95
[2] Gospel, S. XX

Leute ertragen so viel Leid und Schmerz in dieser Welt! Warum sollte dieser Körper mehr Kinder bekommen? Gott ist die ewige Wirklichkeit. Es ist besser, Ihn anzurufen. Sobald du einen Körper annimmst, hast du endlose Schwierigkeiten."[1]

Sarada blieb vom März 1872 bis zum Oktober 1873 in Dakshineswar. In dieser Zeit übte Ramakrishna das vishnuitische *Sadhana* des *Madhura Bhava*, wobei der Verehrer Gott als seinen Geliebten betrachtet. Ramakrishna betrachtete sich als eine Freundin der Göttlichen Mutter oder *Radha*, und um diese Rolle zu spielen, trug er oft Frauenkleider. Sarada half ihm, sich entsprechend zu kleiden.

Ein Jahr nach der *Shodashi Puja* hatte Sarada Magenprobleme. Shambu Mallick, ein Verehrer Ramakrishnas, brachte Dr. Prasad zu ihr, aber seine Behandlung blieb wirkungslos. Da sie nicht wollte, dass Ramakrishna sich um sie sorgte, ging sie im Oktober 1873 für eine Luftveränderung nach Jayrambati zurück. Dort erholte sie sich langsam mit der entsprechenden Diät.

Im Dezember 1873, als Sarada in Kamarpukur war, starb ihr Schwager Rameswar. Sie kehrte nach Jayrambati zurück. Wenige Monate später, am 26. März 1874, starb ihr Vater. Da nun der Ernährer fehlte, litt ihre Mutter an unerträglicher Armut. Ihre Kinder waren noch zu jung, und es war keiner da, der sich um die Äcker kümmerte. Glücklicherweise war Shyamasundari eine starke Frau und verdiente sich den kargen Lebensunterhalt, indem sie einer wohlhabenden Familie in der Nachbarschaft den Reis schälte. Dafür erhielt sie ein Viertel des Reises. Sarada half ihrer Mutter bei der Arbeit am Dhenki, der Maschine, die den Reis zerstampft. Trotzdem reichte das Geld nicht, sodass Shyamasundari ihre Söhne zu verschiedenen Verwandten schicken musste, damit sie dort eine Ausbildung erhielten. Sarada wollte ihrer Mutter nicht eine zusätzliche Last aufbürden. Deshalb beschloss sie, nach Dakshineswar zurückzukehren.

Sarada reiste insgesamt neunmal von Jayrambati oder Kamarpukur nach Dakshineswar:

der erste Besuch war, wie gesagt, vom März 1872 bis Oktober 1873 (1 Jahr, 7 Monate),

---

[1] Chetanananda: Sri Sarada Devi, S. 68 f.

der zweite Besuch: April 1874 bis September 1875 (1 Jahr, 5 Monate),

der dritte Besuch: 17. März 1876 bis November 1876 (9 Monate),

der vierte Besuch: März 1877 bis August 1877 (6 Monate),

der fünfte Besuch im März 1881 für einen Tag,

der sechste Besuch: Januar 1882 bis Juni 1883 (1 Jahr, 6 Monate),

der siebte Besuch: im Januar 1884 für einen Tag,

der achte Besuch: Januar 1884 bis Juli 1884 (7 Monate)

und der neunte Besuch: März 1885 bis August 1886 (1 Jahr, 5 Monate)

Der zweite Besuch in Dakshineswar

Wie wir bereits gesehen haben, war die Reise sehr beschwerlich. Sarada wanderte die 64 Meilen zu Fuß, überquerte die vier Flüsse mit der Fähre und nahm schließlich ein Boot, um von Baidyabati nach Dakshineswar über den Ganges zu gelangen. Sie ging barfuß ohne Schirm durch Sonne und Regen und hatte ein Bündel mit einigen Saris, ihrem Schmuck, einem dünnen Handtuch, einem Beutel mit Puffreis, einigen Brocken harter Melasse, Bananen und sonstigem Obst dabei. In den Zipfel ihres Saris hatte sie Münzen gebunden, um die Fährmänner zu bezahlen.

Sarada war sehr intelligent und praktisch veranlagt. Wenn sie reiste, versteckte sie ihren Schmuck im Puffreis, um ihn vor Räubern zu schützen. Sie reiste immer in einer Gruppe. Wenn sie und ihre Gefährtinnen müde waren, machten sie am Straßenrand unter einem Baum Rast. Sie badeten in ihren Saris in einem Teich oder See und ließen dann ihre Kleidung am Körper trocknen. Die Nächte verbrachten sie in Raststätten, die für Pilger und Reisende ein einfaches Nachtlager anboten. Die Besitzer dieser Raststätten führten oft ein Lebensmittelgeschäft. Die Reisenden kauften dort Reis und Dal und kochten ihr eigenes Essen.

Vermutlich benötigte Sarada drei oder vier Tage von Jayrambati oder Kamarpukur nach Dakshineswar. Im April 1874 kam sie zum zweiten Mal nach Dakshineswar. Sie wohnte wieder im Nahabat und diente ihrem Mann und ihrer Schwiegermutter.

Shambu Mallick war ein wohlhabender Verehrer Ramakrishnas. Als er sah, wie beengt Sarada wohnte, beschloss er, ihr eine Hütte zu bauen. Er pachtete für 250 Rupien ein Stück Land in Tempelnähe. Captain Viswanath Upadhyaya, ein Beamter der nepalesischen Regierung und ebenfalls ein Verehrer Ramakrishnas, hörte von Shambus Projekt und versprach, das Holz dafür zu besorgen, da er den Holzhandel der nepalesischen Regierung unter sich hatte. Als mit dem Bau begonnen werden sollte, ließ Viswanath drei große Stämme von Salbäumen vom Holzlager in Belur über den Ganges bringen, aber eine starke Strömung trug einen der Stämme davon. Ramakrishnas Neffe Hriday betrachtete Sarada als Rivalin und dachte, das sei ein schlechtes Omen für sie. Doch der Captain schickte einen weiteren Stamm, und die Hütte wurde errichtet.

Sarada lebte fast ein Jahr in der Hütte. Eine Frau wurde eingestellt, um ihr bei den Hausarbeiten zu helfen. Täglich kochte sie verschiedene Gerichte für Ramakrishna und brachte sie ihm. Manchmal besuchte er sie tagsüber in ihrer Hütte und versicherte sich, dass es ihr gutging. Er blieb kurz und kehrte dann in sein Zimmer zurück. Nur einmal, als er von einem heftigen Regen überrascht wurde, der bis Mitternacht dauerte, übernachtete er dort. Sarada kochte Reis und Suppe für ihn, und er meinte scherzhaft: „Es ist, als würde ich wie jeder Priester des *Kali*-Tempels am Abend nach Hause kommen."

Nachdem Sarada ein Jahr in der Hütte verbracht hatte, die feucht war, litt sie erneut an der Ruhr. Shambu sorgte dafür, dass Dr. Prasad sie behandelte. Als sie sich ein wenig erholt hatte, kehrte sie im September 1875 nach Jayrambati zurück.

Kaum war sie zu Hause, hatte sie einen heftigen Rückfall und wurde bettlägerig. Ihre Krankheit nahm einen so schlimmen Verlauf, dass sie lebensbedrohlich wurde. Als Ramakrishna davon hörte, war er sehr besorgt.

Es gab keine Toiletten in Jayrambati. So ging sie in die Büsche beim Kalu-Teich in der Nähe ihrer Hütte. Sie erzählte: „Ich litt ein Jahr an der Ruhr. Der Körper wurde zu einem bloßen Skelett. Ich erleichterte mich in der Nähe des Kalu-Teichs, aber da ich oft hingehen musste, legte ich mich an den Teich. Eines Tages sah ich mein Spiegelbild im Wasser und bemerkte, dass nur noch ein paar Knochen von meinem Körper übrig waren. Ich dachte: ‚Du liebe Zeit, wozu nützt dieser Körper noch? Ich will ihn hier aufgeben.' Nibi (eine Nachbarin) sah mich in diesem Zustand und sagte: ‚Du meine

Güte! Warum liegst du hier? Geh in dein Zimmer.' Sie stützte mich, als ich in mein Bett zurückkehrte. Oh, was für eine schreckliche Krankheit ich hatte! Sie verließ mich nicht."[1]

SIMHAVAHINI-TEMPEL IN JAYRAMBATI

Zusätzlich zu der Ruhr litt sie auch an Augenproblemen. „Mein Körper war überall geschwollen. Meine Nase, meine Augen und Ohren liefen sehr. Mein Bruder Umesh sagte: ‚Schwester, willst du nicht ein Gelübde ablegen, vor *Simhavahini*, der Gottheit im Dorf, zu fasten?'[2] Ich stimmte ihm zu, und er half mir, zum Tempel zu gehen. Der Vollmond sah für mich wie ein Neumond aus, weil ich durch das Tränen meiner Augen nur verschwommen sehen konnte. Zudem plagte mich die Ruhr. […]

---

[1] ders., S. 72
[2] Diesem Brauch folgten die Leute, um von Krankheit geheilt zu werden.

Da erschien *Simhavahini* meiner Mutter [...] und sagte: ‚Geh und hol deine Tochter zurück. Sie ist so krank und sollte nicht alleine gelassen werden. Bring sie sofort zurück. Gib ihr diese Medizin, und sie wird geheilt werden.' Sie erschien auch mir und sagte: ‚Mach Saft aus zerdrückten Lau-Blumen, und gib etwas Salz dazu. Trage dies auf deine Augen auf, und sie werden wieder klar sein.' Ich nahm die Medizin von meiner Mutter und trug den Blumensaft auf meine Augen auf. Fast sofort löste sich der Schleim von meinen Augen, und das Tränen hörte auf. Am selben Tag kam mein normales Sehvermögen zurück. Allmählich verschwand die Schwellung meines Körpers, und ich wurde gesund. Ich erzählte den Leuten von der Medizin, die ich von Mutter *Simhavahini* erhalten hatte. Von dieser Zeit an wurde die Macht der Göttin weithin bekannt, und viele Leute kamen zu Ihr. Ich hatte Medizin erhalten, und auch die Welt wurde gesegnet."[1]

Kaum war Sarada von der Ruhr geheilt, erkrankte sie an Malaria, und ihre Milz vergrößerte sich. Zusammen mit ihrer Mutter ging sie zum Kayapat-Badanganj *Shiva*-Tempel, sechs Meilen von Jayrambati entfernt, um sich einer traditionellen Behandlungsmethode zu unterziehen. Sie war bizarr und schmerzhaft. Der Patient musste zuerst ein Bad nehmen und sich dann auf den Boden des Tempels legen. Ein Bananenblatt wurde auf seinen Bauch gelegt, und sein Bauch wurde mit dem brennenden Zweig eines Pflaumenbaums gebrandmarkt, wobei ihn drei oder vier Leute an Händen und Füßen festhielten. Bevor Sarada an der Reihe war, hatte sie die Schmerzensschreie der anderen gehört. Sie erlaubte niemandem, sie zu berühren, legte sich ruhig auf den Boden und wurde gebrannt. Still ertrug sie den Schmerz. Allmählich verkleinerte sich ihre Milz tatsächlich wieder.

Ein Jahr später wurde in Saradas Familie die jährliche *Jagaddhatri-Puja* eingeführt, nachdem Shyamasundari eine Vision dieser Göttin gehabt hatte. *Jagaddhatri* ist ein Aspekt der Göttlichen Mutter als Beschützerin der Welt, und die *Puja* ist in Westbengalen verbreitet. Sie wurde fortan jedes Jahr mit viel Aufwand gefeiert, und Sarada half ihrer Mutter oft bei den Vorbereitungen für das Fest.

---

[1] ders., S. 72-74

Der dritte Besuch in Dakshineswar

1876 kehrte Sarada über Telo-Bhelo mit zwei Reisegefährtinnen nach Dakshineswar zurück. Sie kamen am 17. März an. Diesmal wohnte sie in der Hütte, die Shambu Mallick für sie hatte bauen lassen. Zeitweise leistete ihr Hridays zweite Frau dort Gesellschaft. Doch ihr Leben in der Hütte fand ein jähes Ende, als Ramakrishna an der Ruhr erkrankte und nicht mehr in den Pinienhain gehen konnte, um sich zu erleichtern. Sie erzählte: „Ist die blutige Ruhr eine gewöhnliche Krankheit? In der Regenzeit litt der Meister daran. Es wurde ein Toilettenstuhl hergestellt, indem man in der Mitte einer Holzkiste ein Loch machte und eine Pfanne aus Ton darunter stellte. Er wurde auf der nördlichen Veranda aufgestellt. Ich reinigte ihn am Morgen und die anderen am Nachmittag.

In dieser Zeit kam eine Frau aus Varanasi, um den Meister zu pflegen. Eines Tages sagte sie: ,Mutter, der Meister ist so krank, und du lebst woanders?' Ich erwiderte: ,Was kann ich tun? Wie kann Hridays Frau dort alleine leben? Zudem ist Hriday beim Meister.' Sie meinte: ,Das spielt keine Rolle. Sie werden eine Gefährtin für sie finden. Es ist nicht richtig, dass du nicht beim Meister bist.' Ich nahm ihren Rat an und kehrte ins Nahabat zurück, um mich um den Meister zu kümmern. Als der Meister gesund war, ging die Frau, und ich sah sie nie wieder. Sie half mir wirklich viel. Ich fragte später in Varanasi nach ihr, konnte sie aber nicht ausfindig machen. Fremde kamen nach Dakshineswar, wann immer der Meister sie brauchte, und verschwanden dann wieder."[1]

Diese Frau aus Varanasi half Sarada auch, ihre Schüchternheit vor Ramakrishna zu überwinden. Sie trug in seiner Gegenwart immer einen Schleier, aber als beide ihn eines Abends besuchten, legte die Frau Saradas Schleier ab. Er sprach die ganze Nacht mit ihnen über Gott. Sie waren so ins Zuhören vertieft, dass sie nicht bemerkten, wie die Sonne aufging.

Am 8. November 1876 kehrte Sarada mit Hridays Bruder Rajaram nach Jyrambati zurück.

---

[1] ders., S. 76

Der vierte Besuch in Dakshineswar

Chandramani starb am 13. Februar 1877, und Ramakrishna trauerte sehr um seine Mutter. In dieser Zeit war Sarada in Jayrambati. Als sie davon hörte, kehrte sie nach Dakshineswar zurück. Sie wurde von Lakshmi und einigen anderen aus dem Dorf begleitet. Während der Reise versteckte Sarada ihren Schmuck in Lakshmis Beutel mit Puffreis.

Als sie zum Feld von Telo-Bhelo kamen, das bekannt dafür war, dass sich dort Wegelagerer herumtrieben, die Reisende ausraubten und sogar ermordeten, dachten Saradas Reisegefährten, dass sie noch genug Zeit hätten, das Feld vor Sonnenuntergang zu überqueren. Sarada war erschöpft, sagte aber nichts. Nach einigen weiteren Meilen spürte sie, dass sie mit ihnen nicht mithalten konnte, und blieb zurück. Die anderen warteten auf sie und baten sie, schneller zu gehen. Sarada schlug ihnen vor, weiterzugehen und nicht auf sie zu warten. „Geht in Tarakeswar in die Herberge und ruht euch aus. Ich werde so bald wie möglich zu euch stoßen." Sie ließen sich darauf ein und waren bald außer Sichtweite.

Sarada ging so schnell sie konnte, aber sie war sehr erschöpft. Nach einer Weile ging die Sonne unter. Sie hatte Angst und fragte sich, was sie nun tun sollte. Dann sah sie einen großen, wild aussehenden Mann mit einem Stab auf der Schulter, der sich ihr schnell näherte. Eine weitere Person, vermutlich sein Partner, ging hinter ihm her. Sie erkannte, dass es sinnlos war, fortzurennen oder um Hilfe zu rufen. Deshalb blieb sie stehen und wartete ängstlich, bis sie herankamen. Der Mann fragte sie barsch: „Wer bist du, dass du zu dieser Abendstunde allein hier stehst?" Sarada beschloss, freundlich zu antworten und ihn mit „Vater" anzureden, und sagte: „Vater, meine Gefährten haben mich zurückgelassen, und dann habe ich den Weg verloren. Bitte begleite mich zu ihnen. Dein Schwiegersohn lebt im *Kali*-Tempel in Dakshineswar. Ich bin auf dem Weg zu ihm. Wenn du mich dorthin begleitest, wird er deine Freundlichkeit sicher zu schätzen wissen und dir die nötige Höflichkeit entgegenbringen." Kaum hatte sie das gesagt, kam auch schon sein Gefährte. Sie bemerkte, dass es kein Mann, sondern seine Frau war. Das beruhigte sie sehr. Sie nahm ihre Hand, sprach sie mit „Mutter" an und sagte: „Mutter, ich bin deine Tochter Sarada. Meine Gefährten haben mich zurückgelassen, und ich war in großer Gefahr. Es ist schieres Glück, dass ihr gekommen seid. Ich wüsste nicht, was ich sonst tun würde."

Die vertrauensvollen Worte Saradas erweichten das Herz des Straßenräubers und seiner Frau, und sie kümmerten sich um sie. Da sie sahen, wie erschöpft sie war, nahmen sie Sarada mit zu einem kleinen Laden in der Nähe der Dörfer von Telo-Bhelo und kümmerten sich um ein Nachtlager. Die Frau machte mit einigen ihrer Kleider und anderem ein Lager für sie, und der Mann besorgte ihr Puffreis und süßen Trockenreis. Am nächsten Morgen begleiteten sie Sarada nach Tarakeswar in die Herberge, wo sie ihre Weggefährten wiedertraf, die sich freuten, sie wohlbehalten zu sehen. Sarada stellte ihnen das Paar vor. Sie besuchten gemeinsam den örtlichen *Shiva*-Tempel, kochten und aßen und ruhten sich aus. Dann setzte die Gruppe ihre Reise fort, und das Paar verabschiedete sich. Sarada lud sie nach Dakshineswar ein, und tatsächlich kamen sie und wurden von Ramakrishna herzlich empfangen. Sarada sagte: „Obwohl mein Räuber-Vater sich jetzt gut benimmt, glaube ich, dass er ein Wegelagerer war, bevor wir uns trafen."[1] Das Paar kam noch öfter nach Dakshineswar.

In Kamarpukur

In der Regenzeit wurde das Gangeswasser salzig. Ramakrishna litt an Magenbeschwerden, weil er dieses Wasser trank. Auch tat ihm das feuchte Klima nicht gut. Deshalb verbrachte er ab Juli 1877 einige Monate in Kamarpukur. Sarada und Hriday begleiteten ihn. Im September 1877 kehrte er nach Dakshineswar zurück, und Sarada ging nach Jayrambati.

Der fünfte Besuch in Dakshineswar

Im März 1881 reiste Sarada wieder nach Dakshineswar. Diesmal brachte sie ihre Mutter, ihren Bruder Prasanna, Lakshmi und einige Nachbarn mit. Sie übernachteten in Kalkutta, wo Prasanna ein Zimmer mietete. Doch der Besuch war kurz. Sarada berichtete: „Am nächsten Tag gingen wir alle nach Dakshineswar. Kaum waren wir angekommen, fragte Hriday: ‚Warum sind sie hergekommen? Was wollen sie hier?' Er war unverschämt und unhöflich. Meine Mutter antwortete nicht. Hriday war aus Sihar, und meine Mutter stammte aus demselben Dorf. Trotzdem erwies Hriday meiner Mutter keinerlei Respekt. Meine Mutter sagte: ‚Wir wollen alle nach Hause zurückkehren. Bei wem soll ich meine Tochter lassen?' Aus Angst vor Hriday

---

[1] s. ders., S. 79-81

schwieg der Meister. Wir gingen noch am selben Tag. Ramlal rief ein Boot, sodass wir den Fluss überqueren konnten. Als wir gingen, betete ich im Geist zu Mutter *Kali*: ‚Mutter, ich werde nur dann kommen, wenn Du mich wieder herbringst.'"[1]

Hriday behandelte Sarada stets unfreundlich. Er wollte Ramakrishna kontrollieren und betrachtete sie als Rivalin. Ramakrishna warnte ihn: „Sieh her, du kannst mich beleidigen, aber verletze nicht ihre Gefühle. Wenn Er, der in diesem (sich selbst meinend) wohnt, sich erhebt, kannst du damit irgendwie durchkommen, aber wenn Er, der in ihr wohnt, sich erhebt, kann keiner – nicht einmal *Brahma*, *Vishnu* oder *Shiva* – dich retten."[2]

Tatsächlich blieb Hriday nicht mehr lange im Dakshineswar-Tempel. Zum jährlichen Gründungstag des Tempels im Mai 1881 kam Trailokya, ein Sohn von Mathur und der jetzige Tempelverwalter, mit Frau und Kindern. Hriday feierte den Gottesdienst im *Kali*-Tempel, und Trailokyas achtjährige Tochter war ohne ihre Eltern dorthin gegangen. Da überkam Hriday plötzlich der Wunsch, das Mädchen nach den *Tantra*-Riten wie eine Göttin zu verehren, und er brachte ihren Füßen Sandelpaste und Blumen dar. Als das Kind zurückkam, bemerkte Trailokyas Frau die Sandelpaste an seinen Füßen. Das war ein Skandal, denn wenn ein Mädchen der unteren Kaste (Trailokya gehörte einer niederen Kaste an) von einem Brahmanen auf diese Weise verehrt würde, würde sie bald nach der Hochzeit zur Witwe werden, so der Volksglaube. Trailokya wurde so wütend, dass er Hriday sofort aus dem Tempeldienst entließ und ihm verbot, den Tempelbereich jemals wieder zu betreten.

Daraufhin wurde Ramlal, ein weiterer Neffe Ramakrishnas, der Hauptpriester im *Kali*-Tempel. Doch Ramlal wurde von Stolz aufgeblasen und vernachlässigte Ramakrishna, der oft wegen seiner Ekstasen ohne Bewusstsein und hilflos wie ein Kind war. Ramakrishna schickte wiederholt nach Sarada und bat sie, nach Dakshineswar zurückzukehren. Schließlich ließ er folgende Nachricht an sie überbringen: „Ich habe hier große Schwierigkeiten. Nachdem Ramlal Priester im *Kali*-Tempel geworden ist, hat er sich einer Gruppe anderer Priester angeschlossen. Jetzt kümmert er sich nicht mehr um mich. Bitte komm unbedingt, wie auch immer – in einer Trage oder Sänfte.

---

[1] ders., S. 84
[2] ders.

Ich werde die Ausgaben übernehmen – und wenn es zehn oder zwanzig Rupien sind."[1]

Sechster bis neunter Besuch

Im Januar 1882 kehrte Sarada nach Dakshineswar zurück. Sie diente Ramakrishna bis Juni 1883 und ging dann wieder nach Jayrambati. Im Januar 1884 kam sie wieder. Sie legte ihr Bündel ins Nahabat und ging direkt ins Zimmer des Meisters. Einige Tage zuvor war er gestürzt, als er in *Samadhi* war, und hatte sich den linken Arm gebrochen. Ramakrishna fragte sie, wann sie von zu Hause aufgebrochen sei, und erfuhr, dass es am Donnerstagnachmittag gewesen war, der nach dem Bengalischen Kalender als nicht glückverheißend gilt. Da meinte er: „Deshalb habe ich meinen Arm gebrochen. Bitte kehre nach Hause zurück und beginne deine Reise an einem glückverheißenden Tag." Sarada war dazu bereit, sofort zu gehen, aber er meinte: „Bitte bleib heute. Du kannst morgen gehen." Am nächsten Tag kehrte sie nach Jayrambati zurück. Nach einigen Tagen in ihrem Heimatdorf machte sie sich erneut auf den Weg.

Im Juli 1884 schickte Ramakrishna sie nach Kamarpukur, um der Hochzeit seines Neffen Ramlal beizuwohnen. Sie reiste diesmal mit dem Zug von Howrah nach Burdwan und von dort mit dem Ochsenkarren nach Kamarpukur. Nach der Hochzeit blieb sie für einige Monate in Kamarpukur und Jayrambati und kehrte dann im März 1885 wieder nach Dakshineswar zurück.

Ramakrishna in Jayrambati

Ramakrishna besuchte Kamarpukur mehrmals, besonders in der Regenzeit, da ihm dann das Klima in Kalkutta nicht bekam. Hriday begleitete ihn immer. Ramakrishna mochte die Leute seines Dorfes und unterhielt sie mit Liedern und Geschichten, wie er es bereits als Junge getan hatte. Er besuchte Jayrambati, Sihar und Vishnupur.

Einige Leute in Jayrambati verhöhnten Ramakrishna und nannten ihn den „verrückten Schwiegersohn". Manchmal sprang er von seinem Sitzplatz auf und rief: „Diesmal werden alle befreit, auch die Muslime und Unberührbaren, keiner wird zurückgelassen!" Die Dorfbewohner sagten dann: „Was für ein Verrückter!" Wenn die Dorffrauen ihn besuchten, machte er witzige

---

[1] ders., S. 84 f.

Bemerkungen, die manchmal unpassend waren. Sie lachten verlegen und rannten verwirrt davon. Ramakrishna sagte dann zu denen, die geblieben waren: „Das Unkraut wurde beseitigt. Jetzt setzt euch. Ich werde zu euch sprechen."[1]

Tante Bhanu erkannte Ramakrishnas hohe Spiritualität und mochte ihn sehr. Einmal machte sie eine Girlande und wollte sie Ramakrishna umhängen. Sie verbarg sie unter ihrem Sari, ging zu ihm, traute sich dann aber nicht, sie ihm in der Gegenwart der anderen Frauen umzuhängen. Ramakrishna erkannte ihre Absicht und erzählte einen frechen Witz, der die Frauen zum Lachen brachte und sie veranlasste zu gehen. Als Bhanu allein mit ihm war, bat er sie, ihm die Girlande umzuhängen. Kaum war sie um seinen Hals gelegt worden, ging er in tiefes *Samadhi* ein. Bhanu bekam Angst, da sie dachte, dass ihn vielleicht ein giftiges Insekt, das sich in den Blumen versteckt hatte, gebissen hatte. Da kam Hriday und brachte ihn mit einem Mantra zum normalen Bewusstsein zurück. Nach diesem Vorfall versuchte Shyamasundari, die Frauen von ihm fernzuhalten.[2]

Das Leben im Nahabat

In den frühen Jahren musste Sarada nur für Ramakrishna, seine Mutter und gelegentlich für Verwandte und Gäste kochen. Das änderte sich, als ab 1880 die Schüler kamen, die ebenfalls von ihr verpflegt werden mussten. Es handelte sich um Familienväter und junge Männer, die noch zur Schule oder ins College gingen. Mit der Zeit bildeten diese beiden Gruppen zwei Schülerkreise, die von Ramakrishna getrennt unterwiesen wurden. Die Familienväter kamen immer am Sonntag. Die jungen Schüler kamen werktags und blieben zuweilen auch für einige Tage bei ihm. Ramakrishna entwickelte ein inniges Verhältnis zu den Jungen, v.a. zu Narendra (dem späteren Swami Vivekananda) und Rakhal (dem späteren Swami Brahmananda).

Das Kochen nahm jetzt viel Zeit in Anspruch. Am Geburtstag Ramakrishnas musste Sarada oft 50 bis 60 Leute verköstigen. Manchmal half ihr eine Dienerin.

---

[1] ders., S. 86
[2] s. Nikhilananda: Holy Mother, S. 53 f.

Sarada erzählte: „Ich lebte im Nahabat. Oh, welche Entbehrungen musste ich ertragen, in diesem winzigen Zimmer zu leben! Ich musste meinen ganzen Besitz und alle Lebensmittel dort lagern. Von der Decke hing ein Topf in einer Schlinge mit lebenden Fischen, die ich für die Mahlzeiten des Meisters brauchte. Sie platschten die ganze Nacht im Wasser. Der Meister hatte einen schwachen Magen. Er konnte das ölige und stark gewürzte Essen, das der Mutter *Kali* dargebracht wurde, nicht vertragen. Deshalb kochte ich im Nahabat für ihn und für die Verehrer. Surendra Mitra gab mir monatlich zehn Rupien für die Ausgaben, und der ältere Gopal kaufte die Lebensmittel ein. Ich musste aus sechs bis acht Pfund Mehl Chapatis machen. Der Meister brachte Latu zu mir, der für Ram Datta arbeitete, und sagte: ‚Das ist ein guter Junge. Er wird dir beim Teigkneten helfen.‘ Ram Datta kam mit dem Wagen und sagte: ‚Heute will ich Chana Dal und Chapatis essen.‘ Kaum hatte ich das gehört, begann ich mit dem Kochen. Als Rakhal beim Meister lebte, kochte ich oft *Khichuri* für ihn. Ich verbrachte viele Stunden mit Kochen.

Manchmal lebte ich allein im Nahabat, aber von Zeit zu Zeit wohnten Lakshmi, Yogin, Golap, Gaurdasi [Gauri Ma] und andere bei mir. Ich badete um vier Uhr morgens. Wenn am Nachmittag auf der Treppe etwas die Sonne schien, trocknete ich dort meine Haare. Ich hatte damals sehr dickes Haar. Die Fischerfrauen waren meine Gefährtinnen. Wenn sie zu ihrem Bad im Ganges kamen, ließen sie ihre Körbe auf der Veranda des Nahabat stehen und gingen hinunter, um im Wasser unterzutauchen. Sie erzählten mir viele Geschichten, nahmen dann ihre Körbe und gingen. Nachts hörte ich die Fischer singen, wenn sie Fische im Ganges fingen.

Viele Verehrer kamen zum Meister, und es gab in seinem Zimmer beständig Singen, Tanzen, *Kirtan*, *Bhava* und *Samadhi*. Ich machte ein Loch in den Bambusschirm und stellte mich dahinter, um zu beobachten, was im Zimmer des Meisters vor sich ging. Weil ich lange Zeit dort stand, bekam ich Rheuma. Während ich dem *Kirtan* zuhörte, dachte ich, dass ich beim Meister sein und ihm zuhören könnte, wenn ich ein Verehrer wäre."[1]

Um ihr an einem öffentlichen Ort, wie das Nahabat es war, Privatsphäre zu ermöglichen, war der besagte Bambusschirm aufgestellt worden, der den ganzen Musikturm umgab. Ramakrishna wusste, dass sie *Kirtans* mochte,

---

[1] Chetanananda: Sri Sarada Devi, S. 90

und wenn in seinem Zimmer gesungen und getanzt wurde und der Musiker Nilkhanta, der ein häufiger Besucher war, dem Meister vorsang, befahl er, die Nordtür seines Zimmers offen zu lassen, sodass Sarada und Lakshmi alles hören und durch das Loch im Bambusschirm sehen konnten. Einmal bemerkte er humorvoll zu Ramlal: „Oh Ramlal, das Loch im Bambusschirm deiner Tante wird immer größer!"

Im Nahabat gab es kein Badezimmer und keine Toilette. Zudem war der Tempelgarten ein öffentlicher Platz, der wenig Privatsphäre erlaubte. Sarada war zurückhaltend und verhüllte ihr Gesicht vor den Leuten, die sie nicht kannte. Noch vor Sonnenaufgang ging sie in den Dschungel am Ufer des Ganges, um ihre Notdurft zu verrichten, und badete dann im Ganges. Sie benutzte den Bakultala-Ghat in der Nähe des Nahabat, der für die Frauen von Rasmanis Familie und der benachbarten Dörfer gebaut worden war. Tagsüber hatte sie oft keine Gelegenheit, sich zu erleichtern, und musste den Drang unterdrücken.

Yogin Ma erinnerte sich: „Die Heilige Mutter lebte im Nahabat wie eine scheue Braut. Sie trug einen Sari mit einer breiten roten Bordüre. Ihr Haar war schwarz, dick und lang, und sie trug einen zinnoberroten Punkt auf der Stirn. Sie trug auch eine Halskette, einen Nasenring, Ohrringe und Armbänder. Sie mochte, wie ich ihr Haar flocht, und ich tat es gern für sie."[1]

Einmal ging Sarada am frühen Morgen zum Bakultala-Ghat, um zu baden. Es war noch dunkel. Deshalb bemerkte sie nicht, dass ein Krokodil auf einer der Stufen lag. Glücklicherweise glitt es in den Fluss, als sie sich ihm näherte. Sie schrie und rannte zum Nahabat zurück. Gauri Ma, eine ihrer Gefährtinnen, hielt sie fest und versuchte, sie zu beruhigen, indem sie scherzte: „Es war kein Krokodil, Mutter. Es war der Herr *Shiva*. Er ist gekommen, um deine Füße zu berühren." „Lass deine Scherze", antwortete Sarada. „Ich bin fast vor Angst gestorben." Gauri Ma erwiderte: „Mutter, du bist die Verkörperung der Furchtlosigkeit. Wie kannst du Angst haben?"[2]

Viele Besucher und Verehrer Ramakrishnas wussten nicht, dass Sarada im Nahabat lebte, oder sie wussten es, bekamen sie aber nie zu Gesicht.

---

[1] ders., S. 93 f.
[2] ders., S. 94

Lakshmi berichtete: „In Dakshineswar lebten wir im Nahabat. Wenn der Meister seinen Besuchern die Mutter vorstellen wollte, machte er mit dem Finger einen Kreis an der Nasenspitze. Das tat er, weil die Mutter einen Nasenring trug. Er bezeichnete das Nahabat als Käfig und uns als *Shuk Sari*.[1] Wenn der Göttlichen Mutter [*Kali*] Obst und Süßigkeiten dargebracht worden waren, wurden sie dem Meister gebracht. Er erinnerte dann Bruder Ramlal: ‚Vergiss nicht die beiden Vögel im Käfig. Gib ihnen einige Früchte und Erbsen.‘ Neuankömmlinge nahmen die Worte des Meisters wörtlich. Sogar Meister Mahashay (M., der Verfasser der Botschaft Sri Ramakrishnas – The Gospel of Sri Ramakrishna) tat das zunächst.

Die Frauen aus dem Dorf besuchten die Mutter, und manchmal hörte der Meister zufällig ihre Gespräche. Einmal sagte er zur Mutter: ‚Diese Frauen gehen beim Gänseteich spazieren. Wenn sie mich sehen, tuscheln sie untereinander, und ich höre, was sie sagen. Sie sagen: ‚Dieser Mann ist gut, aber etwas ist seltsam. Er schläft nachts nicht mit seiner Frau.‘ Bitte kümmere dich nicht um ihr Geschwätz. Sie sind weltliche Frauen. Sie könnten dich überzeugen, Tricks und Medizin zu benutzen, um meinen Geist der Welt zuzuwenden. Bitte folge nicht ihrem Rat. Ich habe mich völlig Gott hingegeben.‘ Die Mutter war verwirrt und versicherte dem Meister: ‚Oh nein, nein. Ich höre nicht auf sie.‘

Ich wunderte mich manchmal, wie wir in dem winzigen Zimmer im Nahabat zurechtkamen. Es war das göttliche Spiel des Meisters! Normalerweise teilten sich die Heilige Mutter, ein anderes Mädchen und ich den Raum. Manchmal wohnten auch Gopal Ma, die eine große Frau war, oder andere Verehrerinnen aus Kalkutta bei uns. Zudem mussten wir unsere Lebensmittel, Kochtöpfe, Gerichte und sogar den Wasserkrug in diesem Raum unterbringen. Da der Meister einen schwachen Magen hatte, lagerten wir dort auch Essen für seine besondere Diät.

Der Meister schlief nachts nicht viel. Wenn es draußen noch dunkel war, ging er im Tempelgarten spazieren, und wenn er am Nahabat vorbeikam, rief er: ‚Oh Lakshmi, oh Lakshmi, steh auf! Sag deiner Tante, sie soll auch aufstehen. Wie lange wollt ihr schlafen? Die Morgendämmerung ist fast da.

---

[1] Mit *Shuk-Sari* sind die beiden Vögel aus dem Volksglauben gemeint, die *Krishnas* Herrlichkeit verkündeten.

Die Krähen und der Kuckuck singen schon. Singt den Namen der Göttlichen Mutter.'

Wenn der Meister manchmal im Winter nach mir rief, flüsterte die Mutter, die unter ihrer Decke lag: ‚Sei still. Er hat keinen Schlaf in seinen Augen. Es ist nicht Zeit zum Aufstehen, und die Vögel haben noch nicht zu singen begonnen. Antworte nicht!' Aber wenn der Meister keine Antwort erhielt, schüttete er Wasser unter der Türschwelle hindurch, und da wir auf dem Boden schliefen, mussten wir unverzüglich aufstehen. Trotzdem wurden unsere Betten manchmal nass."[1]

Sarada stand täglich um drei Uhr auf, bevor die anderen Leute aufwachten. Sie badete im Ganges und verbrachte etwa eineinhalb Stunden mit Andacht und Meditation. Danach begann sie, für Ramakrishna und die Verehrer zu kochen. Wenn keine Verehrer da waren, rieb sie den Körper Ramakrishnas vor seinem Bad mit Öl ein.

Normalerweise aß Ramakrishna vor der Mittagszeit. Wenn er von seinem Bad zurückkehrte, brachte Sarada das Essen in sein Zimmer. Sie beschäftigte seinen Geist oft mit einer leichten Unterhaltung, damit er während des Essens nicht in *Samadhi* fiel, was oft ohne Vorwarnung geschah. Um ein Uhr aß sie selbst zu Mittag. Oft schickte der Meister sie zu einigen Nachbarn, die am Nordtor wohnten. Gegen Abend kehrte sie zurück. Dann zündete sie eine Lampe an, verbrannte Räucherwerk und meditierte. Danach begann sie, das Abendessen zu kochen. Nachdem sie Ramakrishna und seine Mutter bedient hatte, aß sie selbst zu Abend und legte sich dann gegen 23 Uhr schlafen.

Es war für den gottberauschten Ramakrishna nicht möglich, Lebensmittel einzukaufen, und Sarada war zu scheu, um in der Öffentlichkeit zu erscheinen. Der ältere Gopal, einer der späteren Mönchsschüler, übernahm die Einkäufe. Manchmal schickte Sarada eine Dienerin, um etwas vom Markt zu besorgen. Vermutlich gab ihr der Tempelverwalter Grundnahrungsmittel wie Reis, Dal und Öl aus dem Tempelvorrat.

Ramakrishna bemerkte, dass Sarada überarbeitet war. Als er einmal Latu, einen späteren Mönchsschüler, im *Panchavati* meditieren sah, sagte er zu ihm: „Jene, über die du meditierst, kocht und wäscht jetzt das Geschirr im

---

[1] ders., 92 f.

Nahabat. Weißt du das?" Von da an wusch Latu das Geschirr, bereitete die Gewürze zu, knetete den Teig und übernahm andere Aufgaben.

Orthodoxe Hindufrauen werden in den drei Tagen ihrer Menstruation für unrein gehalten und dürfen nicht kochen und andere Haushaltspflichten erledigen. Wenn Sarada deshalb nicht für Ramakrishna kochen konnte, erhielt er seine Mahlzeiten aus der Küche des *Kali*-Tempels. Aber das ölige und würzige Essen bekam ihm nicht. Als er einmal Magenprobleme hatte, schickte er nach Sarada und fragte, warum sie seine Mahlzeit nicht zubereitet hatte. Als sie es ihm erklärte, sagte er: „Wer hat dir gesagt, dass eine Frau in diesen drei Tagen nicht kochen kann? Du musst für mich wie üblich kochen. Daran ist nichts falsch. Bitte sage mir: Was ist an einer Person unrein – die Haut, das Fleisch, die Knochen, das Mark? Es ist der Geist, der einen rein oder unrein macht. Außerhalb des Geistes gibt es keine Unreinheit."[1] Von da an kochte Sarada auch dann für ihn.

Ramakrishna war kein großer Esser. Er wurde nervös, wenn er eine große Menge Reis auf seinem Teller sah, weil er fürchtete, er könne sie nicht verdauen. Sarada trickste ihn aus, indem sie den Reis in einen kleinen Haufen zusammendrückte. Sie ließ auch die Milch einkochen, damit die Menge kleiner aussah. Sie kochte bitteres Kürbis-Curry, bereitete Suppe mit Gandal-Blättern zu und machte Gerichte aus rohen Feigen, grünen Bananen, Auberginen und anderem Gemüse, die der Meister mochte. Dann beobachtete sie ihn beim Essen und passte auf, dass er dabei nicht gestört wurde.

Sarada wurde bald mit „Mutter" angeredet. Wenn jemand sie mit „Mutter" ansprach, konnte sie ihm nichts abschlagen. Einmal wollte sie Ramakrishnas Essen in sein Zimmer tragen. Da bat sie eine Frau: „Mutter, bitte erlaube mir, das Tablett zum Meister zu tragen." Sie stimmte zu. Die Frau brachte Ramakrishna das Essen, stellte es vor ihn hin und ging. Sarada setzte sich. Aber er konnte das Essen nicht anrühren und sagte: „Was hast du getan? Warum hast du ihr erlaubt, das Tablett zu berühren? Weißt du nicht, dass sie ein unmoralisches Leben führt? Wie kann ich jetzt das Essen zu mir nehmen, das sie berührt hat?" Sarada meinte: „Ich weiß davon. Bitte iss." Der Meister konnte das Essen immer noch nicht anrühren. Schließlich sagte er: „Bitte versprich mir, dass diese Frau nicht wieder das Essen tragen darf." Sarada antwortete: „Meister, ich kann so etwas nicht versprechen, aber ich werde

---

[1] ders., S. 97

versuchen, dir das Essen selbst zu bringen. Wenn jemand mich ‚Mutter'
nennt und bittet, das Tablett tragen zu dürfen, kann ich es ihm nicht verwei-
gern. Du darfst nicht vergessen, dass du nicht nur mein Herr bist, sondern
der Herr aller." Ramakrishna war mit dieser Antwort zufrieden und aß.[1]

Einmal bot ein Verehrer Ramakrishna 10.000 Rupien für seinen Unterhalt
und seine Bedürfnisse an. Als er das hörte, bekam er schreckliche Kopf-
schmerzen und wies das Angebot zurück, da er nichts mit Geld zu tun haben
wollte. Als der Verehrer darauf bestand, beschloss er, Sarada zu prüfen. Er
ließ nach ihr schicken und sagte: „Sieh, ein Verehrer will, dass ich Geld
annehme, was für mich völlig unmöglich ist. Jetzt will er das Geld bei dir
lassen. Warum nimmst du es nicht an?" Sarada erwiderte sofort: „Was sagst
du da? Wie ist das möglich? Das Geld darf nicht angenommen werden.
Wenn ich es nehme, ist es dasselbe, als wenn du es nimmst, denn auch wenn
ich es aufbewahre, wird es für dich ausgegeben werden. Die Leute respektieren dich wegen deiner Entsagung. Du musst das Geschenk zurückwei-
sen." Ramakrishna war froh, dass sie die Prüfung bestanden hatte.[2]

Spirituelle Übungen

Sarada machte spirituelle Übungen. Sie veranschaulichte, wie ein aktives
mit einem kontemplativen Leben zusammengehen konnte. In den frühen
Morgenstunden saß sie oft in Meditation versunken auf der Veranda des
Nahabat. Tagsüber kochte sie und bediente den Meister und die Verehrer.
Während der Reis oder Dal kochte, saß sie oft auf einer der Stufen, die zum
oberen Stockwerk des Nahabat führten, und wiederholte ihr Mantra. Sie
sagte später: „Es ist ein großes Glück, eine menschliche Geburt zu haben.
Man muss Gott aus ganzem Herzen anrufen. Man sollte hart üben. Wie kann
man ohne intensive Übung etwas erreichen? Man sollte sich zwischen den
Haushaltsverpflichtungen die Zeit für spirituelle Übungen nehmen."[3]

„In Dakshineswar stand ich immer um drei Uhr morgens auf und meditierte.
Oft vergaß ich meinen Körper und die Welt völlig. Einmal wiederholte ich
in einer mondhellen Nacht das Mantra, wobei ich in der Nähe der Treppe
des Nahabat saß. Die ganze Gegend war still. Normalerweise hörte ich die

---

[1] s. ders., S.100
[2] s. ders., S. 106 f.
[3] ders., S. 108

Sandalen des Meisters, wenn er im Pinienhain seine Notdurft verrichtete. Aber an diesem Tag hörte ich nichts. Ich war in tiefer Meditation versunken. In jenen Tagen trug ich einen Sari mit einer roten Bordüre und Schmuck. Als ich meditierte, wehte eine sanfte Brise das obere Ende meines Saris mit der roten Bordüre von meinem Rücken, aber ich bemerkte es nicht. Der junge Jogin (später Swami Yogananda) trug den Wassertopf für den Meister und sah mich so. Ach, das waren unvergessliche Tage."[1]

Einmal war Sarada versucht, sich der Faulheit zu ergeben. Sie berichtete: „Man sollte Faulheit meiden und regelmäßig *Japa* und Meditation üben. Als ich in Dakshineswar war, fühlte ich mich einmal unwohl und stand nicht um drei Uhr auf. Ich fühlte mich träge. Am nächsten Tag stand ich noch später auf. Das geschah an mehreren aufeinanderfolgenden Tagen. Allmählich spürte, ich, dass ich keine Lust mehr hatte, früh aufzustehen. Sofort bemerkte ich, dass es ein Trick des Geistes war und die Faulheit von mir Besitz ergriffen hatte. Ich zwang mich dann, zur üblichen Zeit aufzustehen, und nahm meine frühere Gewohnheit wieder auf. Man kann ohne feste Entschlossenheit im spirituellen Leben keinen Erfolg haben."[2]

Einmal sagte sie zu ihrer Nichte Nalini: „Als ich in deinem Alter war, arbeitete ich sehr hart – und trotzdem wiederholte ich das Mantra hunderttausendmal täglich."[3]

Als Sarada einmal mit Lakshmi in Kamarpukur war, erhielten beide die Einweihung in ein *Shakti Mantra* von einem Mönch namens Swami Purnananda. Als sie später nach Dakshineswar kam, schrieb Ramakrishna ein Mantra auf ihre Zunge und weihte sie ein, was er auch bei einigen seiner Schüler tat. Er lehrte sie Mantras für verschiedene Götter und Göttinnen und erzählte ihr von seinen spirituellen Erfahrungen. Später weihte sie ihre Schüler mit diesen Mantras ein.

Bei jeder Gelegenheit gab Ramakrishna Sarada und Lakshmi spirituelle Unterweisung. Eines Abends sprach er mit ihnen ausführlich über die Liebe der *Gopis* zu *Krishna*. Als er damit zu Ende war, sagte er zu Lakshmi: „Diskutiere das, was du von mir gehört hast, heute Nacht mit deiner Tante. Du hast gesehen, wie die Kühe tagsüber auf dem Feld grasen. Nachts käuen sie

---

[1] ders.
[2] ders., S. 108 f.
[3] ders., S. 109

wieder. Ebenso solltest du mit deiner Tante das Gelernte wiederholen. Dann wirst du meine Worte nicht vergessen."[1]

Sarada war Augenzeugin der ekstatischen Zustände Ramakrishnas. Einmal kam er mit blutunterlaufenen Augen und schwankend in sein Zimmer, als sie soeben sein Bett machte. Er berührte Sarada und fragte: „Hallo, habe ich Wein getrunken?" Überrascht antwortete sie: „Nein, nein, du hast keinen Wein getrunken." „Warum bin ich dann so beschwipst? Warum kann ich nicht richtig sprechen? Bin ich betrunken?" „Nein, nein", versicherte sie ihm, „warum solltest du wie ein gewöhnlicher Trinker betrunken sein? Du bist von ekstatischer Liebe für die Göttliche Mutter betrunken." Da beruhigte sich Ramakrishna und sagte: „Du hast recht."[2]

Einmal brachte sie ihrem Mann das Essen. Er lag in *Samadhi* auf seinem Bett, sah aber so leblos aus, dass sie zu weinen begann, weil sie dachte, dass er seinen Körper verlassen habe. Sie war schon lange wegen seiner Gesundheit besorgt. Dann erinnerte sie sich, dass er einmal zu ihr gesagt hatte, dass sie nur seine Füße berühren musste, um ihn zum Bewusstsein zurückzubringen, sollte sie ihn einmal so vorfinden. Sie begann, seine Füße zu reiben. Rakhal und die anderen hörten sie weinen und eilten ins Zimmer. Auch sie begannen heftig, seine Füße zu reiben. Das brachte Ramakrishna schließlich zu Bewusstsein. Er öffnete die Augen und fragte überrascht, was geschehen sei. Als er sah, dass sie Angst um ihn hatten, lächelte er und meinte: „Ich war im Land der weißen Menschen. Ihre Haut ist weiß, ihre Herzen sind weiß, und sie sind einfach und aufrichtig. Es war ein sehr schönes Land. Ich glaube, ich werde dorthin gehen."[3]

Sarada sehnte sich danach, *Samadhi* zu erfahren wie Gauri Ma. Eines Tages bat sie Lakshmi, Ramakrishna zu bitten, ihren Wunsch zu erfüllen. Ramakrishna erfuhr zwar ständig *Samadhi*, förderte es aber bei ihr nicht. Er meinte: „Was wird geschehen, wenn du in Ekstase fällst? Deine Kleider werden abfallen, und du wirst Luftsprünge machen. Wer wird sich um deine Kleider kümmern?"[4] Er selbst war sich im *Samadhi* der Welt nicht mehr

---

[1] ders.

[2] ders., S. 113

[3] ders. Mit den weißen Menschen könnten die westlichen Menschen gemeint sein, die später durch Swami Vivekanandas Reisen in den Westen mit ihm in Berührung kamen.

[4] ders., S. 114

gewahr, und die Kleider fielen oft von seinem Körper ab. Man musste dann auch aufpassen, dass er nicht stürzte.

Trotzdem erfuhr Sarada *Samadhi*. Yogin Ma erinnerte sich: „Die Heilige Mutter sagte zu mir: ,Bitte sag dem Meister, dass ich gern etwas spirituelle Ekstase erfahren möchte. Ich treffe ihn nicht alleine an, um selbst mit ihm darüber zu sprechen.'

Am nächsten Tag fand ich den Meister allein auf seiner Liege sitzend vor. Ich verneigte mich und informierte ihn über den Wunsch der Heiligen Mutter. Er hörte zu, schwieg aber und blieb ernst. Wenn er in einer ernsten Stimmung wie dieser war, wagte niemand, ihn anzusprechen. Ich saß eine Weile schweigend da, verneigte mich dann vor ihm und ging.

Als ich ins Nahabat zurückkam, traf ich die Heilige Mutter bei ihrer täglichen Andacht an. Ich öffnete die Tür und bemerkte, dass sie ekstatisch lachte und dann heftig zu weinen begann. Tränen strömten ihr aus den Augen. Das dauerte eine Weile. Dann wurde sie still und ging in *Samadhi* ein. Ich schloss die Tür und ging.

Als ich nach langer Zeit in ihr Zimmer zurückkehrte, fragte sie: ,Kommst du soeben vom Meister?' Ich sagte: ,Mutter, du sagst, dass du keine Ekstase erfährst!' Die Heilige Mutter lachte beschämt.

Danach verbrachte ich manchmal die Nacht in Dakshineswar bei der Heiligen Mutter. Eines Nachts spielte jemand Flöte. Die Heilige Mutter hörte zu, ging in Ekstase ein und lachte immer wieder. Ich saß in der Ecke auf ihrem Bett. Ich wagte nicht, sie in diesem Zustand zu berühren, da ich eine Hausfrau bin. Nach langer Zeit erlangte sie ihren normalen Zustand wieder."[1]

Sarada berichtete von dem Vorfall: „Als ich in Dakshineswar lebte, spielte nachts jemand Flöte. Ich dachte, es sei Gott, der Flöte spielt. Das erweckte eine solch intensive Sehnsucht nach Gott in mir, dass ich in *Samadhi* einging."[2]

---

[1] ders.
[2] ders.; Der junge Krishna spielte Flöte.

SARADAS GEFÄHRTINNEN

Wenn Verehrerinnen nach Dakshineswar kamen, stellte Ramakrishna sie Sarada vor. 1861 war die *Bhairavi*, eine tantrische Nonne, nach Dakshineswar gekommen. Sie wurde Ramakrishnas erste Lehrerin und unterrichtete ihn im Tantra. Ramakrishna sagte zu Sarada: „Heute wird eine *Bhairavi* kommen. Bitte färbe für sie ein Stück Stoff mit Ocker. Ich werde es ihr schenken." Die *Bhairavi* war hitzig und schüchterte Sarada ein. Als Sarada Ramakrishna sagte, dass sie Angst vor ihr habe, meinte er: „Hab keine Angst. Sie ist eine wirkliche *Bhairavi*. Deshalb ist sie etwas hitzig."[1]

Saradas ständige Gefährtinnen waren Yogin Ma, Golap Ma, Gopal Ma, Gauri Ma, Lakshmi und einige andere Frauen.

YOGIN MA

Yogin Ma war eine würdevolle Erscheinung. Sie entstammte einer aristokratischen Familie aus Kalkutta und war früh verheiratet worden, doch ihr

---

[1] Chetanananda: Sri Sarada Devi, S. 113

Mann führte ein ausschweifendes Leben und verschleuderte sein Vermögen. Ihr Eheleben war sehr trostlos. In ihrem Kummer kam sie zu Ramakrishna, und da sie hungrig war, schickte er sie sogleich zu Sarada ins Nahabat, die sie verköstigte. Die beiden freundeten sich an. Yogin Ma besuchte Sarada oft und blieb manchmal über Nacht.

GOLAP MA

Golap Ma war eine einfache Brahmanin, die ihren Mann, ihren Sohn und ihre Tochter verloren hatte. Sie kam zu Ramakrishna, um sich von ihm trösten zu lassen. Nach einigen Besuchen stellte er sie Sarada mit den Worten vor: „Du solltest dieser Brahmanin gut zu essen geben. Der Kummer wird gelindert, wenn der Magen voll ist." Er wusste, dass Sarada nach seinem Tod eine Gefährtin brauchen würde, und sagte einmal zu ihr: „Behalte diese Brahmanin im Auge. Sie wird beständig bei dir leben."[1] Golap Ma lebte von Zeit zu Zeit bei Sarada im Nahabat.

---

[1] ders., S. 100

GAURI MA

Gauri Ma war gebildet und konnte Sanskrit sowie ein wenig Englisch und Persisch. Mit zehn wurde sie von einem Brahmanen eingeweiht und wählte *Krishna* als ihr spirituelles Ideal. Als sie verheiratet werden sollte, lief sie von zu Hause weg. Später zog sie mit den Bettelmönchen zu vielen heiligen Orten und kam schließlich zu Ramakrishna, der sie sofort als seine Schülerin annahm. Bei ihrem zweiten Besuch brachte er sie zu Sarada. Von da an lebte sie gelegentlich bei ihr im Nahabat.

Lakshmi war die Tochter von Rameswar und somit Ramakrishnas Nichte. Sie war intelligent und besaß ein gutes Gedächtnis. Sie konnte etwas lesen und schreiben. Im Alter von zwölf wurde sie verheiratet. Ihr Mann ging auf der Suche nach Arbeit fort und wurde nie mehr gesehen. Nach dem alten Hindubrauch betrachtete sie sich fortan als Witwe. Mit vierzehn kam sie nach Dakshineswar, wurde von Ramakrishna in ein Mantra eingeweiht und zog bei Sarada ins Nahabat ein.

Aghoremani war früh Witwe geworden und kinderlos. Sie verehrte *Gopala*, das Kind *Krishna*, machte dabei viele spirituelle Erfahrungen und wurde deshalb Gopal Ma (*Gopals* Mutter) genannt. Sie besuchte oft Ramakrishna und wurde eine Gefährtin Saradas, der sie beim Kochen und in anderen Haushaltsdingen half. Diese Verbindung blieb lebenslang bestehen.

GOPAL MA

Eine ältere Verehrerin, die Pandes Frau genannt wurde, lebte in der Nähe und mochte Ramakrishna und Sarada sehr. Manchmal brachte sie Ramakrishna Milch. Gelegentlich besuchte Sarada sie am Nachmittag und brachte ihr zu essen. Sarada erzählte Pandes Frau oft Geschichten aus ihrem Dorf. Einmal sagte sie zu ihr: „Die Leute in unserem Landesteil streiten und kämpfen um ihren Besitz. Sie haben nicht genug Geduld, um ihre Angelegenheiten einvernehmlich zu regeln. Der Besitz von Land und Eigentum ist so vergänglich, und trotzdem sind sie so stolz auf ihren Besitz. Es ist nur ein Spiel von ein paar Tagen. Dieser Körper hat eine Gestalt, aber der Geist ist grenzenlos. Er kann wie ein riesiger Raum ausgedehnt werden, aber er wird von *Maya* gebunden. Die Leute kennen dieses Geheimnis von *Maya* nicht. Deshalb leiden sie und bereiten anderen so viel Leid."[1]

---

[1] ders., S. 116

Binodini Dasi, auch Brinda (Brinde) genannt, war eine Dienerin im *Kali*-Tempel. Sie war Witwe und hatte keine Kinder. Sie half Sarada bei ihren Haushaltspflichten und begleitete sie oft, wenn sie die Nachbarn besuchte.

Panchanani Dasi, die alle „Jadus Mutter" nannten, war eine weitere Dienerin im Tempel und eine junge Witwe. Ihre Aufgabe bestand darin, die Gegenstände, die beim Tempelgottesdienst gebraucht wurden, zu waschen. Manchmal übernachtete sie bei Sarada im Nahabat. Als sich Ramakrishnas Verehrer einstellten, half sie Sarada beim Geschirrspülen. Sie erzählte: „Wir gehörten einer niederen Kaste an. Meine Pflicht war es, die Gegenstände des Tempels zu reinigen. Ich bemerkte, dass sich viele Leute vor dem Meister und der Mutter verneigten, und auch ich wollte mich vor der Mutter verneigen und ihre Füße berühren. Aber sie war eine Brahmanin, und so wagte ich es nicht, sie zu berühren. Doch die Mutter erfüllte meinen Wunsch. Als sie eines Tages Gemüse schnitt, schnitt sie sich in den Finger, und es blutete. Sobald sie mich sah, sagte sie: ‚Jadus Mutter, ich habe mich in den Finger geschnitten. Bitte bring sofort einen Stofffetzen und verbinde meinen Finger.' Ich fand in der Nähe ein Stückchen Stoff und verband ihren Finger. Dann verneigte ich mich und berührte ihre Füße. Die Mutter sagte: ‚Ist dein Wunsch jetzt erfüllt?' Ich erwiderte: ‚Was sagst du da, Mutter?' Sie antwortete: ‚Nichts' und schwieg. Scheinbar hat sie meine Gedanken gelesen und meinen Wunsch erfüllt."[1]

In Malpara, in der Nähe des Devamandal-Ghats in Dakshineswar, lebte eine Gruppe Fischer. Sie sangen, während sie nachts auf dem Ganges fischten, und verkauften am Morgen die Fische auf dem Markt. Ihre Frauen verkauften die Fische von Tür zu Tür. Sarada kam mit diesen Fischerfrauen in Kontakt.

Patal Dasi, eine der Fischerfrauen, erzählte: „Wir gingen immer in einer Gruppe zum Tempel-Ghat von Dakshineswar, um zu baden. Dann trafen wir die Mutter im Nahabat und unterhielten uns mit ihr. Ich war damals jung. Der ganze Bereich des *Panchavati* war voller Bäume und Büsche. Am Anfang fragte uns die Mutter, wie es uns ginge, und später wurden wir mit ihr sehr vertraut. Wir sprachen frei über unser Zuhause, unsere Ehemänner, Kinder, Schwiegereltern und sogar über unsere Streitigkeiten mit unseren Männern. Einmal hatte Kshirod [eine der Fischerfrauen] Streit mit ihrem

---

[1] ders., S. 117

Mann, und er stieß sie zu Boden. Dabei brach sie sich einen Zahn ab. Das machte die Mutter wütend. Sie sagte: ‚Wie schlecht diese Männer ihre Frauen behandeln! Ohne Frauen können sie nicht tätig sein. Trotzdem unterdrücken sie ihre Frauen und zeigen ihre brutale Gewalt! Kshirod, sprich nicht mehr mit deinem Mann, aber erledige alle Haushaltspflichten. Serviere deinem Mann das Essen, aber zeig keine Zuneigung. Lass ihn denken, dass jeder in der Welt dir gleich wichtig ist.' Kshirod folgte dem Rat der Mutter. Später war ihr Mann reumütig und entschuldigte sich bei ihr.

Einmal hatte Mokshadas Tochter heftiges Fieber, und die Arznei, die der *Kaviraj* ihr gab, half nicht. Als die Mutter davon hörte, gab sie Mokshada eine Blume, die der Gottheit dargebracht worden war, und wies sie an, sie auf den Kopf ihrer Tochter zu legen, was sie heilte. […]

Yashoda fing kleine Fische und Austern. Als der Meister erkrankt war und in Cossipore lebte, verschrieb der Arzt ihm Austernsuppe. Wir wussten, dass die Mutter sich verletzen würde, wenn sie die Austern öffnete. Deshalb halfen wir ihr dabei. […]

Die Mutter gab uns Süßigkeiten und Obst und lud uns ein, im Tempel dem *Kirtan* oder *Yatra* beizuwohnen. Wir waren ungebildete Frauen und wussten nicht, wie groß sie war. Aber wir spürten, dass sie die Verkörperung von Mitgefühl war. Die Mutter gab uns auch Kleidung, Zinnober und Öl.

Einmal war Kshirod von einem Geist besessen. Ein *Kaviraj*, ein Magier und ein *Maulavi* versuchten alles, konnten ihr aber keine Erleichterung verschaffen. Schließlich schickte die Mutter eine Flasche Öl und bat sie, ihren ganzen Körper damit einzureiben. Das heilte sie. Aber Kshirod lebte nicht lange.

Zu dieser Zeit fand der Charak-Markt[1] im Fischerviertel statt. Eine von uns kaufte der Mutter einen Fächer aus Palmblatt, was sie sehr glücklich machte. Sie zeigte den anderen unser kleines Geschenk. Es ist nicht möglich, Mutter zu vergessen."[2]

---

[1] ein hinduistisches Volksfest
[2] ders., S. 117 f.

Im April 1885 erkrankte Ramakrishna. Er hatte Halsbeschwerden und Schwierigkeiten beim Essen und Reden. Sarada war besorgt und bereitete ihm weiche Nahrung zu, wie Reis- und Grießbrei.

Gegen Ende August wurde der Schmerz schlimmer. Eines Abends blutete er aus seinem Hals. Narendra (der spätere Swami Vivekananda) sagte zu den Verehrern: „Er, der uns so glücklich gemacht hat, wird uns verlassen. Ich habe Medizinbücher gelesen und meine Freunde unter den Ärzten gefragt. Sie alle sagen, dass diese Art Halskrankheit zu Krebs werden kann. Diese Blutung macht mir noch mehr Angst, dass es Krebs ist. Wenn es so ist, gibt es dafür keine Heilung."[1]

Einige ältere Verehrer baten Ramakrishna, nach Kalkutta zu ziehen, da die Ärzte ihn dort leichter behandeln konnten als in dem abgelegenen Dakshineswar. Er stimmte zu. Am 26. September 1885 wurde er nach Kalkutta gebracht. Man hatte für ihn ein Haus gemietet, doch er fühlte sich darin beengt. So wurde er ins Haus von Balaram Bose, einem verheirateten Verehrer, nach Baghbazar, gebracht, wo er eine Woche blieb. Am 2. Oktober zog er in ein gemietetes Haus in der Shyampukur Straße. Dr. Mahendralal Sarkar behandelte Ramakrishna kostenlos. Golap Ma, die in Kalkutta wohnte, bereitete sein Essen zu, und die jungen Schüler pflegten ihn, während Sarada in Dakshineswar zurückgeblieben war. Die Verehrer besprachen sich, ob sie Sarada ins Haus holen sollten, damit sie weiterhin für ihn kochte, da sie die Einzige war, die wusste, was ihm bekam, und fragten schließlich Ramakrishna. Er meinte: „Kann sie hier leben? Fragt besser sie. Wenn sie kommen will, nachdem sie die Fakten kennt, dann soll sie es tun." Das Problem war, dass es in dem Haus in Shyampukur keinen abgesonderten Bereich für Frauen gab, wo sie leben konnte. Doch sie willigte sofort ein und kam.

In Shyampukur und Cossipore

Swami Saradananda beschrieb Saradas Leben in Shyampukur folgendermaßen: „Im Norden und Süden des Wohnzimmers gab es zwei Veranden. Die nördliche Veranda war größer als die südliche. Westlich des Wohnzimmers lagen zwei kleine Räume. Einer wurde von den Verehrern benutzt, die über

---

[1] Chetanananda: Sri Sarada Devi, S. 134

Nacht blieben, und der andere als Schlafzimmer von der Heiligen Mutter. Das Besucherzimmer besaß eine enge Veranda im Westen. Am östlichen Ende des Gangs, der zum Zimmer des Meisters führte, lag eine Treppe zum Dach. Oben auf dieser Treppe, bei der Tür zum Dach, gab es eine überdachte Terrasse, die etwa zwei auf zwei Meter maß. Die Heilige Mutter verbrachte ihre Tage auf dieser Terrasse und kochte dort die besondere Diät für den Meister.

Es ist wirklich erstaunlich, wie sie drei Monate lang ihre Pflichten erfüllte, all ihre persönliche Unannehmlichkeit vergaß und in einem Einfamilienhaus lebte, von Männern umgeben, die sie nicht kannte. Da es für alle nur ein Badezimmer gab, stand sie vor 3 Uhr in der Früh auf, benutzte das Badezimmer und ging dann still zur Terrasse im zweiten Stock hinauf, ohne dass jemand es wusste. Sie verbrachte den ganzen Tag dort.

Wenn das Essen für den Meister zu den festen Zeiten fertig war, ließ sie es unten durch Swami Advaitananda [Gopal der Ältere] oder Swami Adbhutananda [Latu] ausrichten. Dann wurden die Leute gebeten, hinauszugehen, damit sie dem Meister das Essen bringen und ihm zu essen geben konnte, oder wir (die jungen Schüler) brachten ihm das Essen, wenn das bequemer war. Um die Mittagszeit aß die Heilige Mutter und ruhte sich auf der Terrasse aus. Um 23 Uhr, wenn jeder sich schlafen gelegt hatte, ging sie hinunter und schlief in ihrem Zimmer im ersten Stock bis 2 Uhr. Bestärkt von der Erwartung, dass der Meister gesund werden würde, verbrachte sie Tag für Tag auf diese Weise. Sie lebte dort so still und unsichtbar, dass viele regelmäßige Besucher nicht wussten, dass sie dort lebte und die Verantwortung für den wichtigen Dienst für den Meister trug.“[1]

Dr. Sarkar diagnostizierte die Krankheit Ramakrishnas als Krebs im Endstadium und behandelte ihn mit homöopathischen Arzneien. Die Verehrer konsultierten auch andere Ärzte, aber Ramakrishnas Krankheit verschlimmerte sich. Schließlich schlug Dr. Sarkar vor, ihn in einen Vorort zu bringen, wo die Luft nicht so verschmutzt war wie im überfüllten Kalkutta. Die Verehrer fanden ein geräumiges Gartenhaus in Cossipore und brachten Ramakrishna am 11. Dezember 1885 mit der Kutsche zusammen mit Sarada, Latu, Kali und dem älteren Gopal dorthin. Die anderen Schüler nahmen eine weitere Kutsche, in der sie die Haushaltsgegenstände mitführten. Dieses

---

[1] Saradananda: Sri Ramakrishna, S. 873, 879 f.

Gartenhaus – es handelte sich dabei um ein Landhaus in einem großen Garten – war sehr geräumig, und Sarada konnte sich dort freier bewegen. Der Garten umfasste fünf Hektar mit Bäumen, Blumen und zwei Teichen. Ramakrishna wohnte in einem großen Zimmer im oberen Stockwerk, und Sarada in einem kleinen Zimmer im Erdgeschoss bei der Treppe. Narendra und die jungen Schüler wohnten in zwei großen Zimmern im Erdgeschoss.

DAS GARTENHAUS IN COSSIPORE

Die verheirateten Schüler trugen die Kosten für den Haushalt, und die jungen, unverheirateten Schüler übernahmen die Aufgabe, Ramakrishna zu pflegen, auf dem Markt einzukaufen und anderes. Zuvor waren sie immer wieder nach Hause und ins College gegangen, aber das war jetzt wegen der abgelegenen Lage des Hauses nicht mehr möglich. Allmählich bildeten sie eine große Familie. Es waren zwölf, die jetzt beständig bei Ramakrishna wohnten: Narendra, Rakhal, Baburam, Niranjan, Jogin, Latu, Tarak, der ältere Gopal, Kali, Sasi, Sarat und der jüngere Gopal. Die anderen jungen Schüler kamen nur gelegentlich. Sarada blieb für sich und hatte nur mit wenigen von ihnen Kontakt.

Swami Saradananda schreibt: „Die Heilige Mutter war wie zuvor für die Zubereitung der Diät des Meisters verantwortlich. Wenn der Arzt zusätzlich eine besondere Diät für den Meister vorschrieb, lernte [der ältere] Gopal oder ein anderer Verehrer, wie sie zubereitet wurde, und zeigte dann der Heiligen Mutter, wie sie es machen sollte. Die Heilige Mutter konnte sich nur mit Gopal und einem oder zwei anderen frei unterhalten. Nach der Zubereitung der Mahlzeiten des Meisters brachte die Heilige Mutter das Essen kurz vor der Mittagszeit und kurz nach Sonnenuntergang auf einem Tablett zu ihm und wartete, bis er mit dem Essen fertig war.

Lakshmi, die Nichte des Meisters, wurde nach Cossipore gebracht, um der Heiligen Mutter beim Kochen und anderen Haushaltspflichten zu helfen und ihr Gesellschaft zu leisten. Zudem kamen einige Verehrerinnen, die den Meister regelmäßig in Dakshineswar besucht hatten, nach Cossipore und blieben für einige Stunden bei der Heiligen Mutter und manchmal auch für einen oder zwei Tage. Nach einer Woche hatte sich alles gut eingespielt."[1]

Dr. Sarkar ordnete an, dass weiches Essen wie Grießbrei, Reisbrei, Milch, Gerstenbrei, Nudelsuppe, Palo (ein Brei aus Zedernwurzeln), aber auch Fleisch und Muscheln für Ramakrishna gekocht werden sollte, damit er wieder etwas zu Kräften kam. Als Sarada gebeten wurde, einen Eintopf aus Muscheln zuzubereiten, wollte sie es zunächst nicht tun, da Muscheln Lebewesen sind. Da sagte Ramakrishna zu ihr: „Wie ist das möglich? Ich muss den Eintopf essen, und du kannst ihn nicht zubereiten?" Da fügte sich Sarada.

Sarada erzählte auch von folgendem Vorfall: „Als ich im Gartenhaus von Cossipore lebte, stieg ich einmal mit einer großen Schale Milch die Treppe hinauf. Mir wurde schwindlig, ich fiel, und die ganze Milch wurde auf dem Boden verschüttet. Ich hatte mir einen Knöchel verstaucht. Naren und Baburam rannten herbei und kümmerten sich um mich. Mein Fuß war stark geschwollen. Als der Meister von dem Unfall hörte, sagte er zu Baburam: ‚Baburam, jetzt stecke ich in einem großen Schlamassel. Wer wird mein Essen kochen? Wer wird mir jetzt zu essen geben?' […] Ich trug damals einen Nasenring. Der Meister berührte seine Nase und machte das Zeichen eines Kreises mit dem Finger, womit er mich meinte. Dann sagte er: ‚Baburam, kannst du sie (wobei er das Zeichen machte) in einen Korb setzen und auf deinen Schultern in dieses Zimmer tragen?' Naren und Baburam platzten vor Lachen. So scherzte er mit ihnen. Nach drei Tagen ließ die

[1] ders., S. 923

Schwellung nach. Dann halfen sie mir, mit seinen Mahlzeiten nach oben zu gelangen."[1]

Einmal wollten Niranjan und einige andere Dattelsaft von einer Palme an der südlichen Grundstücksgrenze machen. Sie sagten Ramakrishna nichts davon. Als es dunkel war, gingen sie zur Palme. Kurz darauf sah Sarada Ramakrishna die Treppe hinunterrennen und das Haus verlassen. Sie fragte sich: „Wie ist das möglich? Er braucht sogar Hilfe, wenn er seine Position im Bett ändern will. Wie kann er da wie ein Pfeil aus dem Bett springen?" Da sie ihren Augen nicht traute, ging sie in sein Zimmer, um nachzusehen. Er war nicht da. Bestürzt schaute sie sich um, konnte ihn aber nicht finden. Schließlich kehrte sie besorgt in ihr Zimmer zurück.

Nach einer Weile sah sie ihn in sein Zimmer zurückrennen. Sie ging zu ihm und wollte Klarheit. Er antwortete: „Oh, du hast es bemerkt. Wie du weißt, sind die Jungs, die hierhergekommen sind, alle sehr jung. Sie wollten fröhlich den Saft von einer Dattelpalme im Garten trinken. Ich sah dort eine schwarze Kobra. Sie ist bösartig und hätte sie beißen können. Die Jungs wussten das nicht. Deshalb bin ich auf einem anderen Weg dorthin gegangen, um sie zu vertreiben. Ich habe zu der Schlange gesagt: ‚Komm nicht wieder hierher.'" Er bat Sarada, den anderen nichts davon zu erzählen.[2]

Sarada war voller Angst, als sie bemerkte, dass die Leute begonnen hatten, Ramakrishna wie Gott zu verehren. Sie erinnerte sich daran, was er zu ihr gesagt hatte: dass er bald den Körper verlassen würde, wenn die Leute ihn als Gott betrachteten.

Sie berichtete: „Der Meister lag krank in Cossipore. Einige Verehrer kamen mit Opfergaben für die Mutter *Kali* nach Dakshineswar, aber anstatt sie Ihr darzubringen, brachten sie die Opfergaben dem Bild des Meisters dar und nahmen dann am *Prasad* teil. Als der Meister davon hörte, sagte er: ‚Seht, die Verehrer haben das Falsche getan. All diese Dinge wurden für die Göttliche Mutter gebracht, aber sie haben sie hier (sich selbst meinend) geopfert.' Ich erschrak zu Tode. Ich dachte: ‚Er leidet an dieser gefährlichen Krankheit. Wer weiß, was geschehen wird? Was für ein Unheil! Warum haben sie so etwas getan?' Spät am Abend sagte der Meister zu mir: ‚Du wirst

---

[1] Chetanananda: Sri Sarada Devi, S. 142
[2] s. ders.

später sehen, dass die Leute zu Hause mein Foto verehren werden. Das wird sicherlich geschehen. Ich meine es ernst. Ich schwöre es. Hab keine Angst.' Das war das einzige Mal, dass ich ihn in der ersten Person über sich selbst reden hörte. Gewöhnlich sagte er nicht ‚ich' oder ‚mich', wenn er sich meinte, sondern zeigte auf sich und sagte ‚dieser' oder ‚dort'."[1]

Eines Tages verteilte Ramakrishna ockerfarbene Kleidung[2] und Gebetsschnüre an zwölf seiner Schüler und legte damit die Grundlage für seinen künftigen Mönchsorden. An einem anderen Tag bat er seine Schüler, ihr Essen zu erbetteln. Es ist eine alte indische Sitte, dass Mönche von Almosen leben. Narendra, Niranjan, Kali und der ältere Gopal gingen zuerst zu Sarada und baten sie um ein Almosen, wobei sie eine Hymne für die Göttin *Annapurna* sangen, die lautete: „Oh *Parvati*, Göttin der Nahrung, deren Speicher überfließt, oh Geliebte von *Shankara* [*Shiva*], gib mir ein Almosen, damit ich Erkenntnis und Weisheit erlange." Sarada war überrascht und gab jedem eine Handvoll gekochten Reis. Dann gingen sie mit ihren Bettelschalen von Tür zu Tür. Sie erhielten Reis, Gemüse und Obst. Manche beschimpften sie aber auch als faul und Räuber, die die Häuser auskundschaften wollten. Als sie zurückkehrten, war Ramakrishna zufrieden, aß etwas davon und meinte: „Essen, das man durch Betteln erhält, ist rein. Es ist nicht von selbstsüchtigen Wünschen verunreinigt. Ich freue mich, heute davon zu essen."[3]

Ramakrishnas Krankheit verschlimmerte sich schnell. Bald konnte er keine Nahrung mehr schlucken, und die Medizin blieb wirkungslos. Sarada ging zum berühmten *Shiva*-Tempel von Tarakeswar, um für ihn zu beten. Lakshmi und eine Dienerin begleiteten sie. Sie erzählte: „Ich ging nach Tarakeswar und legte mich zwei Tage ohne Essen und Trinken vor den Herrn *Shiva*. Ich betete und hielt Nachtwache, erhielt aber keine Antwort vom Herrn. In der zweiten Nacht wurde ich von einem Geräusch überrascht – ein Krachen, als würde jemand mit einem schweren Knüppel auf einen Haufen gebrannter Tontöpfe schlagen. Ich stand auf und dachte: ‚Wer ist der Ehemann? Wer sind die Verwandten? Für wen will ich hier Selbstmord begehen?' Alle meine Bindungen waren völlig zerbrochen, und mein Geist wurde von Entsagung erfüllt. Ich tastete mir meinen Weg durch die

---

[1] ders., S. 143
[2] Die Kleidung der *Sannyasins* ist ockerfarben.
[3] ders.

Dunkelheit zurück zur Rückseite des Tempels, wo das Wasser, das *Shiva* dargebracht wurde, in einem Becken gesammelt wird. Ich spritzte es mir in die Augen und ins Gesicht und trank. Meine Kehle war trocken, weil ich gefastet hatte. Ich fühlte mich etwas erfrischt. Am nächsten Tag kehre ich nach Cossipore zurück. Sobald der Meister mich sah, fragte er: ‚Hast du irgendetwas erreicht?' Dann beugte er seinen rechten Daumen und sagte: ‚Nichts ist wirklich, ist es nicht so?'"[1]

Sie hatte in dieser Zeit auch eine Vision von der Statue von Mutter *Kali*, die sich zur Seite neigte. Als sie die Gottheit fragte: „Mutter, warum stehst du so da?", erhielt sie die Antwort: „Es ist wegen dem hier (sie deutete auf den kranken Hals des Meisters). Ich habe das auch in meinem Hals." [2]

Als Sarada einmal die Wunde Ramakrishnas mit einem Wattetupfer reinigte, schrie er vor Schmerz auf: „Au, was tust du?" Dann zog er seinen Geist von seinem Körper ab und sagte: „Nun gut. Du reinigst sie mit einem Tupfer. Mach weiter." An einem anderen Tag sagte er zu ihr: „Dieser Körper hat alle Leiden ertragen. Keiner von euch muss noch leiden. Ich habe für jeden in der Welt gelitten."[3]

Ramakrishna gab Sarada seine letzten Anweisungen. „Streck deine Hand keinem für einen Pfennig entgegen. Es wird dir nicht an einfacher Nahrung und Kleidung fehlen. Wenn du jemandem deine Hand entgegenstreckst, denk daran, dass du ihm auch deinen Kopf verkaufst. Wenn es unbedingt nötig ist, erbettle dir dein Essen, aber lebe nie bei jemand anderem. Die Verehrer werden dich in ihrem Zuhause respektvoll und mit Liebe willkommen heißen, aber sorge dafür, dass deine eigene Hütte in Kamarpukur nicht verwahrlost. Bitte bleibe in Kamarpukur. Pflanze Spinat an und esse ihn mit Reis. Sing den Namen Gottes."[4]

Eines Tages, kurz vor seinem Tod, sah Ramakrishna Sarada intensiv an. Sie sagte: „Sag mir, was du denkst." Er zeigte auf seinen Körper und beschwerte sich: „Sieh her, willst du nichts tun? Muss dieser alles tun?" „Aber was kann

---

[1] ders., S. 144
[2] Gospel, S. XXIII
[3] Chetanananda: Sri Sarada Devi, S. 146
[4] ders., 147

ich tun?", protestierte sie. „Ich bin bloß eine Frau." „Nein, nein", beharrte er, „du wirst viel zu tun haben."

An einem anderen Tag, als sie ihm das Essen brachte, lag er mit geschlossenen Augen im Bett. Sie sagte laut: „Bitte steh auf. Es ist Zeit für dich zum Essen." Als Ramakrishna seine Augen öffnete, schien er von weither zurückzukommen. Er sagte geistesabwesend zu ihr: „Sieh dir die Leute aus Kalkutta an. Sie sind wie Würmer, die sich in der Dunkelheit hin und herwinden. Du musst ihnen Licht bringen. Das ist nicht nur meine Last. Auch du musst sie teilen." Er versprach ihr: „Zu denen, die bei dir Zuflucht suchen, werde ich in ihren letzten Momenten kommen. Ich werde sie bei den Händen halten und begleiten."[1]

Einige Tage vor seinem Tod schickte er nach Sarada und lehrte sie acht Mantras. Dann sagte er: „Das sind alles *Siddha Mantras* (Mantras, um Erleuchtung zu erlangen). Bitte lehre sie jene, die sich von dir einweihen lassen wollen. Wer eines dieser Mantras empfängt, wird zu Lebzeiten die Schau seiner erwählten Gottheit haben oder zumindest im Augenblick seines Todes. Später werden viele Leute kommen, um sich von dir einweihen zu lassen. Weihe sie mit diesen Mantras ein."[2]

Latu erinnerte sich: „Ich habe nie eine solch intelligente Frau wie die Mutter gesehen. Wenn jemand von uns depressiv oder niedergeschlagen war, während er dem Meister diente, bemerkte sie es. Sie ließ diesem Schüler durch Jogin ermunternde Worte ausrichten, wie etwa: ‚Sag ihm, er soll nicht niedergeschlagen sein. Die Gesundheit des Meisters ist heute besser, und die offene Wunde ist äußerlich trocken.' Auf diese Weise inspirierte die Mutter uns.

Einen Tag vor Ramakrishnas Tod gab es um die Mittagszeit ein heftiges Gewitter. Sarada und Lakshmi hörten einen lauten Donnerschlag und eilten in sein Zimmer hinauf. Lakshmi hatte große Angst. Als der Meister ihr ängstliches Gesicht sah, sagte er: ‚Du weißt, ich mag kein düsteres, griesgrämiges Gesicht sehen.' Als Lakshmi das hörte, lächelte sie."[3]

---

[1] ders.
[2] ders.
[3] ders., S. 147 f.

In seinen letzten Tagen bat Ramakrishna Shashi, Sarada herbeizurufen. Er sagte zu ihr: „Wie du siehst, weiß ich nicht, warum mein Geist jetzt in *Brahman* versunken bleibt." Sie verstand, was er meinte. Er wollte in *Brahman* eingehen. Sie sah seinen abgemagerten Körper an und vergoss still Tränen.

Am 15. August 1886 sah Sarada einige schlechte Omen. „An diesem Tag war alles auf den Kopf gestellt, was bereits am Morgen begann. Ich kochte *Khichuri* (Reis mit Linsen) für die Schüler des Meisters, und es brannte an. Ich servierte ihnen den oberen Teil, und wir aßen den unteren. Nach meinem Bad hängte ich meinen rotumrandeten Sari draußen zum Trocknen in die Sonne, und jemand stahl ihn. Ich wollte den Wasserkrug heben, und er glitt mir aus der Hand und zerbrach."[1]

Am Abend saß Ramakrishna an ein Polster gelehnt in seinem Bett. Er war völlig still. Die Schüler und Verehrer saßen mit schwerem Herzen um ihn herum. Sie dachten, dass der Meister seine Stimme verloren habe und nicht mehr sprechen würde. Sarada und Lakshmi kamen nach oben. Sobald sie da waren, sagte Ramakrishna mit schwacher Stimme: „Ich bin froh, dass ihr hier seid. Es ist mir, als würde ich in ein fernes Land über das Wasser gehen – sehr weit weg." Sarada brach in Tränen aus. Der Meister tröstete sie, indem er sagte: „Warum solltest du besorgt sein? Du wirst leben wie jetzt. Sie (womit er Narendra und die anderen meinte) werden für dich tun, was sie für mich tun. Kümmere dich um Lakshmi und behalte sie bei dir."[2] Das waren seine letzten Worte an sie.

An diesem Abend war er so hungrig, dass Sarada für ihn Grießbrei kochte. Er aß ohne Schwierigkeiten eine gute Portion. Seine Schüler spülten ihm den Mund aus und legten ihn sorgsam ins Bett, streckten seine Beine aus und legten sie auf Kissen. Zwei von ihnen fächelten ihm Luft zu. Da ging Ramakrishna in *Samadhi* ein. Es war 1:02 Uhr nachts am 16. August 1886. Plötzlich ging ein Schauer durch seinen Körper, und seine Haare standen zu Berge. Seine Augen richteten sich auf die Nasenspitze, und sein Gesicht wurde von einem Lächeln erhellt. Mit deutlicher Stimme wiederholte er dreimal den Namen *Kalis*, der geliebten Göttin, und ging dann in *Mahasamadhi* ein. Als Sarada das Weinen oben hörte, eilte sie die Treppe hinauf

---

[1] ders., S. 148
[2] ders.

und rief: „Oh Mutter *Kali*! Was habe ich Dir getan, dass Du gegangen bist und mich allein in der Welt zurückgelassen hast?"[1]

Als die Schüler sie weinen sahen, gingen Baburam und Jogin zu ihr, und Gopal Ma brachte sie in ihr Zimmer.

Am folgenden Tag wurde Ramakrishnas Körper auf dem Verbrennungsplatz in Cossipore verbrannt. Seine Asche wurde in einer Kupferurne ins Gartenhaus gebracht. Die Schüler stellten die Urne auf das Bett des Meisters und dachten darüber nach, was sie als Nächstes tun sollten. Am Abend legte Sarada ihren Schmuck ab, wie es für Hindu-Witwen üblich ist. Als sie ihre Armreife ablegen wollte, erschien Ramakrishna ihr, sah sie an, wie er es vor seiner Krankheit getan hatte, nahm ihre Hand und sagte: „Bin ich tot, dass du dich wie eine Witwe verhältst und deine Armreife ablegst? Ich bin nur von einem Zimmer ins nächste gegangen." Sarada trug die Armreife ihr Leben lang.

Balaram kaufte für sie einen weißen, bordürenlosen Sari, wie orthodoxe Witwen ihn tragen. Als er Golap Ma das Kleidungsstück gab, erschauerte sie und sagte: „Guter Gott, wer kann ihr dieses weiße Tuch geben?" Als sie zu Sarada ging, sah sie, dass sie den Großteil der roten Bordüre von ihrem Sari abgerissen hatte. Von da an trug sie Saris mit schmalen roten Bordüren.

Am folgenden Tag erzählte Golap Ma den Schülern, dass der Meister Sarada erschienen war und ihr verboten hatte, ihre Armreife abzulegen. Das gab ihnen Zuversicht und neue Kraft und tröstete sie. Sie legten allen Zweifel ab und beschlossen, fortan dem Meister wie zuvor zu dienen.

Es stellte sich nun die Frage, wie das Gartenhaus in Cossipore unterhalten werden und was mit der Asche des Meisters geschehen sollte. Narendra und die anderen jungen Schüler wollten das Haus behalten, aber Ram Datta und andere verheiratete Schüler, die die Kosten trugen, waren nicht damit einverstanden. Sie beschlossen, dass Sarada anderswo leben und die jungen Schüler nach Hause zurückkehren sollten. Die Asche des Meisters wollten sie in Rams Gartenhaus in Kankurgachi beisetzen. Die jungen Schüler waren hilflos. Da sie die Überreste des Meisters nicht ganz Ram überlassen

---

[1] ders., S. 149. Viele Jahre später sagte Sarada, dass sie den Meister immer als Mutter *Kali* betrachtet habe. Dr. Sarkar stellte allerdings erst um die Mittagszeit am folgenden Tag Ramakrishnas Tod fest.

wollten, gaben sie einen größeren Teil davon in eine andere Urne, die in Balaram Boses Haus aufbewahrt wurde. Über den Zank der verheirateten mit den unverheirateten Schülern sagte Sarada seufzend zu Golap Ma: „Solch ein goldener Mensch hat uns verlassen, Golap, und jetzt streiten sie um seine Asche."

Die jungen Schüler hatten kein Geld, um ein Haus für Sarada zu kaufen oder zu mieten, damit sie in ihrer Nähe leben konnte. Aber Balaram Boses Haus stand ihr und den Schülern immer offen. Am 21. August lud Balaram Sarada ein, bei ihm zu bleiben. Sie ging zum letzten Mal ins Zimmer des Meisters hinauf, verneigte sich vor der Asche, nahm ihr Bündel und stieg in die Kutsche, die Balaram an diesem Abend für sie geschickt hatte.

Sarada beschrieb später ihre Situation: „Der Tod des Meisters war für mich unerträglich. Ich fragte mich ständig: ‚Solch ein goldener Mann ist gegangen. Warum soll ich noch in dieser Welt bleiben?' Das Leben hatte für mich an Geschmack und Bedeutung verloren, und ich wollte mit niemandem sprechen. […] Dann erschien mir der Meister und sagte: ‚Du sollst die Welt nicht verlassen. Bitte bleibe. Du hast viel zu tun.'"[1]

Balaram beschloss schließlich, sie auf Pilgerreise zu schicken, damit sie Frieden finden konnte.

---

[1] ders., S. 150

PILGERREISE (AUGUST 1886 – AUGUST 1887)

Am Ende seines Lebens hatte Ramakrishna zu Sarada gesagt: „Du solltest alle jene Orte besuchen, die dieser (sich selbst meinend) nicht besucht hat."

Am 30. August 1886, zwei Wochen nach Ramakrishnas Tod, ging Sarada auf Pilgerreise. Sie wurde von Gopal Ma, Lakshmi, Nikunja Devi (Mahendranath Guptas Frau), Jogin, Latu und Kali begleitet. Die jungen Schüler, die zurückgeblieben waren, zogen in ein verfallenes Haus in Baranagore, einem nördlichen Vorort Kalkuttas, das ihr erstes Kloster wurde, und legten das Mönchsgelübde ab. Narendra – jetzt Swami Vivekananda – war der Leiter der neuen Mönchsgemeinschaft.

DIE ERSTEN MÖNCHE DES RAMAKRISHNA-ORDENS

Links nach rechts, stehend: Adbutananda, Yogananda, Abhedananda, Trigunatitananda, Turiyananda, Vijnanananda, Ramakrishnananda, Niranjanananda, in der Mitte, sitzend: Brahmananda und Vivekananda, unten sitzend: Shivananda, Saradananda, Subodhananda, Akhandananda, Premananda und Advaitananda

Folgende Schüler Ramakrishnas wurden die ersten Mönche[1]:

- Narendranath Datta bzw. Naren oder Narendra (Swami Vivekananda, 1863-1902)

---

[1] Näheres zu den Schülern s. Ebert: Ramakrishna

73

- Rakhal Chandra Ghosh (Swami Brahmananda, 1863-1922)
- Gopal der Ältere (Swami Advaitananda, 1828-1909)
- Baburam Ghosh (Swami Premananda, 1861-1918)
- Taraknath Ghoshal (Swami Shivananda, 1854-1934)
- Jogindranath Choudhury bzw. Jogin (Swami Yogananda, 1861-1899)
- Shashibhushan Chakravarty (Swami Ramakrishnananda, 1863-1911)
- Saratchandra Chakravarty (Swami Saradananda, 1865-1927)
- Latu (Swami Adbhutananda, unbekannt-1920)
- Nitya Niranjan Ghosh (Swami Niranjanananda, unbekannt-1904)
- Kaliprasad Chandra bzw. Kali (Swami Abhedananda, 1866-1939)
- Harinath Chatterjee (Swami Turiyananda, 1863-1922)
- Hariprasanna Chatterjee (Swami Vijnanananda,1868-1838)
- Sarada Prasanna (Swami Trigunatitananda, 1865-1915)
- Gangadhar Ghatak (Swami Akhandananda, 1864-1937)
- Subodh Ghosh (Swami Subodhananda, 1867-1932)
- Tulasi Charan Dutta (Swami Nirmalananda, 1863-1938)

Die Pilgergruppe von Sarada reiste mit dem Zug nach Vaidyanath Dham in Deoghar, Jharkhand. Dort steht eines der zwölf *Jotirlingams* von *Shiva*. Sie verehrten die Gottheit an diesem Ort und reisten dann weiter nach Varanasi (Benares). Dort verbrachten sie zehn Tage und besuchten die Tempel von *Viswanath*, *Annapurna* und anderen bedeutenden Gottheiten. Sie stiegen auch auf den höchsten Turm von Benimadhav, um einen Blick über die goldene Stadt Varanasi zu genießen.

Eines Abends besuchte Sarada den Abendgottesdienst im *Vishwanath*-Tempel und geriet in Ekstase. Latu berichtete von dem Vorfall: „Eines Abends wohnten wir dem Abendgottesdienst im *Viswanath*-Tempel bei. Auf dem Rückweg in unsere Unterkunft ging die Mutter mit schwerem Schritt, aber so schnell, dass es schwierig war, mit ihr mitzuhalten. Sobald wir das Haus erreichten, legte sie sich auf ihre Pritsche und sprach nicht. Offensichtlich stand sie um Mitternacht auf, um zu meditieren. Am Morgen rief Golap Ma sie immer wieder, doch sie konnte sie nicht aus der Meditation wecken."[1]

---

[1] Chetanananda: Sri Sarada Devi, S. 153

An einem anderen Tag besuchten sie Swami Bhaskarananda, einen bekannten Heiligen, den auch Ramakrishna getroffen hatte.

Einige ihrer Gefährten schlugen vor, nach Prayag weiterzupilgern und am Zusammenfluss von Ganges und Jamuna zu baden. Sarada wollte aber nach Ayodhya. So nahmen sie den Zug zum Geburtsort von *Rama*. Sie blieben einen Tag und besuchten die bedeutenden Tempel am Saraju-Fluss. Dann fuhren sie mit dem Zug nach Vrindavan.

Im Zug hatte Sarada eine Vision von Ramakrishna. Sie trug das goldene Amulett ihres Mannes[1] an ihrem Arm, den sie auf den Fenstersims gelegt hatte, sodass es sichtbar war. Da erschien ihr plötzlich Ramakrishna und sagte durchs Fenster: „Warum trägst du das Amulett auf diese Weise? Ein Dieb könnte es sich leicht schnappen."[2] Sie legte es sofort ab und gab es in eine kleine Blechdose, in der sie sein Foto aufbewahrte. Sie trug das Amulett nie wieder, sondern verehrte es täglich und gab es später dem Belur Math für den Schrein des Meisters.

Vrindavan ist ein heiliger Ort, da er mit *Krishna* und den *Gopis* in Verbindung steht. Orthodoxe Vishnuiten umrunden ihn barfuß. Sarada und ihre Gruppe folgten dieser Tradition. Sie benötigten fünfzehn Tage.

Als Sarada den *Radharamana*-Tempel von Vrindavan besuchte, betete sie zur Gottheit: „Oh Herr, beseitige meine Angewohnheit, an anderen etwas auszusetzen. Möge ich niemals an jemandem etwas auszusetzen haben." In ihrem späteren Leben war eines ihrer charakterlichen Merkmale die völlige Abwesenheit der Neigung, Fehler in anderen zu finden. Sie behauptete, dass diese Neigung einen nur schädigt, ohne die anderen zu bessern.

Sie fanden Unterkunft in einem Anwesen in Kalababus Kunja-Hain in Vrindavan, das Balaram gehörte. Während ihres Aufenthalts machte Sarada viele spirituelle Erfahrungen und fiel oft in *Samadhi*.

Swami Yogananda (Jogin) erzählte: „Während solcher Perioden der Ekstase war ihre Sprechweise, ihre Stimme, ihre Art zu essen, ihre Art zu gehen und ihr allgemeines Betragen genau wie die des Meisters. [...] Wenn ich ihr kurz nach ihrem *Samadhi* komplizierte Fragen zu spirituellen Themen stellte,

---

[1] Es gibt einige Nachweise, dass Ramakrishna (zeitweise) ein goldenes Amulett am Arm trug, das er Sarada kurz vor seinem Tod gab.
[2] ders., S. 155

antwortete sie in ihrer gottberauschten Stimmung wie Sri Ramakrishna, d.h. wie es für den Meister charakteristisch gewesen war, und gebrauchte dieselben einfachen Ausdrücke mit Metaphern und Gleichnissen. Wir waren alle überrascht zu sehen, wie sich der Geist Sri Ramakrishnas mit ihrem Geist vereinte. Wir erkannten, dass der Meister und die Mutter im Grunde eins waren, obwohl sie in getrennten Gestalten erschienen. […]

SARADAS ZIMMER IN KALABABUS KUNJA-HAIN
IN VRINDAVAN

Einmal verbrachte die Heilige Mutter in Kalababus Hain fast zwei Tage im überbewussten Zustand. Nach dieser Erfahrung überkam sie eine große Veränderung. Fortan sah man sie immer in Seligkeit versunken. All ihre Sorgen, ihr Kummer und das Empfinden der Trennung vom Meister waren verschwunden, und eine gelassene, glückliche Stimmung trat an deren Stelle. Sie verhielt sich zuweilen wie ein einfaches, unschuldiges Mädchen."[1]

Latu erinnerte sich: „Während wir in Vrindavan waren, verehrte die Heilige Mutter das Bild des Meisters mit Blumen und anderen Gegenständen. Sie trug ein kleines, rundes Kästchen bei sich, das ein wenig von den Überresten des Meisters enthielt. Nachdem sie sein Foto verehrt hatte, berührte sie

---

[1] ders., S. 156 f.

76

dieses Kästchen mit der Stirn und legte es dann mit großer Ehrfurcht an seinen Platz zurück. Einmal berührte sie damit auch unsere Köpfe."[1]

In Vrindavan begann die Lehrerschaft für Sarada. Eines Tages hatte sie eine Vision Ramakrishnas, der sie bat, Jogin einzuweihen. Sie war verwirrt und dachte: „Was soll das? Was werden die Leute denken? Jeder wird sagen, dass die Mutter begonnen hat, Schüler anzunehmen." Sie ignorierte die Vision und interpretierte sie als ein Produkt ihrer Vorstellungskraft. Aber in den nächsten zwei Tagen hatte sie weitere Visionen von Ramakrishna. Am dritten Tag hörte sie ihn sagen: „Ich habe ihn nicht eingeweiht. Du musst das tun." Er sagte ihr sogar, welches Mantra sie ihm geben sollte. Sarada protestierte: „Ich spreche nicht einmal mit Jogin. Wie kann ich ihn da einweihen?"

Auch Jogin hatte eine Erscheinung von Ramakrishna, der ihn bat, von der Heiligen Mutter ein Mantra zu erhalten. Aber er hatte sich nicht dazu überwinden können, zu ihr zu gehen. Als Sarada davon erfuhr, entschloss sie sich, ihn einzuweihen.

Yogin Ma erinnerte sich an diese Einweihung. „Die Heilige Mutter rief Jogin zu sich und bat ihn, sich neben sie zu setzen. Während des Gottesdienstes ging sie in Ekstase ein und gab ihm in diesem Zustand die Einweihung. Sie wiederholte das Mantra so laut, dass ich sie vom Zimmer nebenan hörte."[2] So wurde Jogin der erste Schüler der Mutter.

Die Gruppe pilgerte weiter nach Haridwar, Jaipur in Rajasthan und Pushkur in Westindien und kehrte danach nach Vrindavan zurück.

Nach einem Jahr beschloss Sarada, nach Kalkutta zurückzukehren. Sie und ihre Gefährten legten einen Zwischenhalt in Prayag am Zusammenfluss des Ganges und Jamuna ein. Sarada badete dort und brachte dem Fluss etwas von Ramakrishnas Haaren dar, die sie in ihrem Kästchen bei sich trug. Sie erinnerte sich: „Das Wasser war ruhig. Als ich das Haar in meiner Hand hielt, erhob sich plötzlich eine Welle und trug es davon. Der Ort, der bereits heilig ist, nahm das Haar aus meiner Hand, um seine Heiligkeit noch zu vergrößern."[3]

---

[1] ders., S. 159
[2] ders., S. 158
[3] s. ders., S.159 f.

IN KAMARPUKUR

BALARAM BOSE

Als die Gruppe im August 1887 nach Kalkutta zurückgekehrt war, verbrachte Sarada zwei Wochen bei Balaram, bevor sie nach Kamarpukur aufbrach.

Man kann die folgenden 33 Jahre ihres Lebens in drei Perioden aufteilen: die Jahre 1887-1898, über die keine ausführlichen Informationen vorliegen, die Jahre 1898-1909, während derer Sarada mit ihrer spirituellen Mission begann, und die Jahre 1909-1920, als sie in Kalkutta und Jayrambati lebte und ihre Aufgabe Früchte trug.

In der ersten Periode reiste Sarada oft zwischen Kalkutta und Kamarpukur bzw. Jayrambati hin und her. Zudem besuchte sie einige Pilgerorte. Aus dieser Zeit sind wenige Details über ihr Leben bekannt. Die jungen Schüler Ramakrishnas, die kurz nach dessen Tod ihr erstes Kloster in Baranagore bezogen hatten und Mönche geworden waren, waren inzwischen als Bettelmönche an verschiedene Orte gepilgert, und im Kloster hielt sich kaum noch jemand auf.

Swami Vivekananda (Narendra) brach 1893 zu seiner ersten Reise in den Westen auf und nahm erfolgreich am Parlament der Weltreligionen in Chicago teil. Danach tourte er als Vortragsredner durch die USA und England und gründete mehrere Vedanta-Zentren, u.a. das in New York. 1897 kehrte er nach Indien zurück und gründete die Ramakrishna Mission. Die Mönche waren inzwischen von ihrer Wanderschaft wieder ins Kloster zurückgekehrt.

Während der zweiten Periode (1898-1909) begann Sarada mit ihrem spirituellen Dienst. Sie lebte manchmal bei ihren Brüdern in Jayrambati und manchmal in verschiedenen Häusern in Kalkutta und anderswo. Sie hatte keinen festen Wohnsitz, obwohl sie eine kleine Hütte in Kamarpukur geerbt hatte.

Während der dritten Periode (1909-1920) erreichte ihr spiritueller Dienst seinen Höhepunkt. 1909 baute Swami Saradananda für sie ein Haus in Kalkutta (das Udbodhan-Haus) und Jayrambati, sodass sie sich frei von Sorgen der Belehrung ihrer Schüler widmen konnte. Sie reiste an einige Pilgerorte in Süd- und Nordindien und weihte viele Gottsucher ein. Die meisten ihrer Lehren und Gespräche, die aufgezeichnet wurden, stammen aus dieser Zeit.

Doch zurück zu 1887. Bevor Sarada Balarams Haus verließ, um nach Kamarpukur zu reisen, besuchte sie Dakshineswar. Sie verneige sich vor der Mutter *Kali*, vor *Krishna* und *Shiva* in den Tempeln und bat um ihren Segen. Sie ging auch ins Nahabat und ins Zimmer des Meisters und erinnerte sich wieder an seinen Rat, sich von niemandem abhängig zu machen und nach Kamarpukur zurückzukehren.

Mitte September 1897 ging Sarada mit Jogin und Golap Ma nach Kamarpukur. Sie reisten bis Burdwan mit dem Zug und gingen die restlichen 16 Meilen zu Fuß, weil sie sich keinen Ochsenkarren leisten konnten. Jogin blieb drei Tage in Kamarpukur und gesellte sich dann zu seinen Mitbrüdern im Kloster in Baranagore. Golap Ma blieb einen Monat.

Das Zuhause von Ramakrishna bestand aus drei Hütten mit Lehmböden und Lehmwänden und einer zusätzlichen kleinen Hütte, dem Familienschrein von *Raghuvir*. Die Hütte im Osten diente als Wohnzimmer, die in der Mitte gehörte Rameswar (der 1873 gestorben war) und seiner Familie, und die Hütte im Westen gehörte Ramakrishna. Sarada bezog die Hütte ihres Gemahls.

KAMARPUKUR, HEIMAT RAMAKRISHNAS
MIT SHIVA-TEMPEL

Ramakrishnas nächste Verwandte waren die Kinder seines Bruders Rameswar: Ramlal, Lakshmi und Shivaram. Ramlal war der Hauptpriester im Kali-Tempel von Dakshineswar. Er und sein Bruder Shivaram verbrachten die meiste Zeit dort. Lakshmi war bei ihren Brüdern in Dakshineswar geblieben und hatte Sarada nicht nach Kamarpukur begleitet. So kam es, dass Sarada mit 34 zum ersten Mal allein lebte.

Bislang hatten die Verantwortlichen des Tempels von Dakshineswar ihr eine Pension von sieben Rupien im Monat bezahlt, aber Ramlal und der Kassierer Dinu sagten zu Trailokya, dem jetzigen Tempelverwalter, dass die Heilige Mutter von den Verehrern des Meisters versorgt werden würde. Deshalb stellte Trailokya die monatliche Zahlung ein.

Ramakrishna hatte Balaram einen kleinen Geldbetrag gegeben, den dieser investiert hatte, sodass er Sarada jeden Monat fünf oder sechs Rupien Zinsen ausbezahlen konnte. Die Mönchsschüler konnten sie nicht unterstützen, und Ramlals Familie kümmerte sich nicht um sie. So musste Sarada mit dem Allernötigsten auskommen. Wenigstens konnte sie Reis von einem Feld erhalten, das Ramakrishna vor langer Zeit im Namen der Familiengottheit *Raghuvir* gekauft hatte. Hinter ihrer Hütte pflanzte sie Spinat und anderes Gemüse an. Manchmal konnte sie sich nicht einmal Salz leisten. Weil sie scheu war, kannte sie nur einige Nachbarinnen wie Prasannamayi von der Familie der Lahas und Dhani Kamarani, die Patin Ramakrishnas. Dhanis Bruder machte die Besorgungen für sie.

Das Leben war damals hart für eine Hindu-Witwe. Sie stand in der gesellschaftlichen Rangordnung ganz unten. Es wurde erwartet, dass sie einen weißen Sari trug und sich das Haar rasierte. Sie durfte keinen Schmuck tragen, nur einmal am Tag eine vegetarische Mahlzeit zu sich nehmen und etwas Leichtes am Abend. Zudem musste sie wie eine Magd jedem in der Großfamilie ihres Mannes dienen und durfte nicht wieder heiraten. Sie hatte Glück, wenn sie etwas Geld geerbt oder Kinder hatte, die sich um sie kümmerten.

Die meisten Dorfbewohner in Kamarpukur waren ungebildet, konservativ und engstirnig. Saradas anfängliche Probleme waren finanzieller Art, aber sie hatte auch soziale Schwierigkeiten. Solange Gopal Ma bei ihr war, wagte keine der Dorffrauen, etwas gegen den Lebensstil Saradas vorzubringen. Aber als Gopal Ma nach Kalkutta gegangen war, begannen konservative Männer und Frauen, sie zu kritisieren. Sie brachten vor, dass sie sich nicht verhielt, wie es sich für eine Brahmanenwitwe gehörte. Sie ließ sich nicht den Kopf rasieren und trug goldene Armbänder und einen Sari mit einer roten Bordüre.

Später erzählte sie: „Als ich Vrindavan verließ und nach Kamarpukur ging, begannen die Dorfbewohner über mich zu tratschen. Ich legte meine Armreife aus Angst vor öffentlicher Kritik ab. Da erschien mir der Meister und sagte: ‚Nimm die Armreife nicht ab. Kennst du das vishnuitische *Tantra* nicht?' Ich erwiderte: ‚Nein, ich weiß nichts über das vishnuitische *Tantra*.' Er sagte: ‚Heute Nachmittag wird Gaurdasi (Gauri Ma) kommen und dir davon erzählen.' Gaurdasi kam am Nachmittag, und ich erzählte ihr alles. Sie begann, aus den Schriften zu zitieren, und erklärte mir: ‚Mutter, dein Mann ist *Chinmaya*, reines Bewusstsein. Der Meister ist immer gegenwärtig, und du bist die Göttin *Lakshmi*. Es würde der Welt Unglück bringen, wenn du die Kleidung einer Witwe tragen und deinen Schmuck ablegen würdest. Nach dem vishnuitischen *Tantra* ist eine Frau, deren Mann *Krishna* ist, nie eine Witwe.' Da legte ich meine Armreife wieder an."[1]

---

[1] Chetanananda: Sri Sarada Devi, S. 165

Sarada ignorierte fortan die Kritik der Dorfbewohner und trug weiterhin ihre Armreife und den Sari mit der dünnen roten Bordüre. Da gingen die Dorffrauen zu Prasannamayi, die für ihre Frömmigkeit und Urteilsfähigkeit von allen respektiert wurde, und fragten sie nach ihrer Meinung. Prasannamayi meinte: „Kritisiert sie nicht. Sie besitzt ein göttliches Wesen." Das brachte sie für eine Weile zum Schweigen.

Da Sarada viel Leid von den Dorfbewohnern in Kamarpukur und Gleichgültigkeit von Ramlals Familie erfuhr, kam ihre Zeit dort schließlich zu einem Ende. Als die Schüler Ramakrishnas von ihren Schwierigkeiten erfuhren, beschlossen sie, sie nach Kalkutta zu holen.

Nachdem Sarada im Mai 1888 nach Kalkutta zurückgekehrt war, besuchte sie Kamarpukur nur noch selten, obwohl sie dafür sorgte, dass das Haus ihres Mannes in Schuss gehalten wurde. Sie hielt sich entweder in ihrem väterlichen Haus in Jayrambati oder in Kalkutta auf. Sie war häufig nach innen gekehrt und in Ekstase. Über ihre Erfahrung berichtete sie: „In diesem Zustand hatte ich das Gefühl, in ein fernes Land gereist zu sein. Ich kann die Art der ekstatischen Freude, die ich empfand, nicht beschreiben. Als mein Geist aus dieser erhabenen Stimmung herunterkam, fand ich meinen Körper dort liegen. Ich dachte: ,Wie kann ich nur in diesen hässlichen Körper eingehen?' Ich konnte meinen Geist überhaupt nicht dazu überreden. Nach einer langen Weile tat er es, und der Körper kam wieder zu Bewusstsein."[1]

---

[1] Gospel, S. XXVIII

IN KALKUTTA UND AN ANDEREN ORTEN

NILAMBAR MUKHERJEES GARTENHAUS IN BELUR

Sarada wohnte wieder vorübergehend in Balarams Haus in Kalkutta. Die Verehrer mieteten Nilambar Mukherjees Gartenhaus in Belur auf der westlichen Seite des Ganges für sie. Es lag gegenüber dem Einäscherungsplatz von Cossipore, wo Ramakrishnas Leichnam verbrannt worden war. Sarada zog mit Yogin Ma und Golap Ma ein. Yogananda und Adbutananda wurden ihre Gehilfen.

Nach sechs Monaten lief die Miete für das Haus aus. Deshalb kehrte Sarada im Oktober in Balarams Haus zurück. Nachdem sie dort einige Tage verbracht hatte, brach sie am 7. November 1888 mit Brahmananda, Yogananda, Saradananda, Golap Ma, Yogin Ma, ihrer Mutter und Lakshmi zu einer Pilgerreise nach Puri auf, wo sie den berühmten *Jagannath*-Tempel besuchten. Am 5. Februar 1889 reiste sie mit Lakshmi, Mahendranath Gupta, Golap Ma und Saradananda mit dem Ochsenkarren nach Antpur, wo sie eine Woche verbrachte. Dann besuchte sie Bodh-Gaya, wo Buddha die Erleuchtung erlangt hatte. Als sie das wohlhabende Kloster dort sah, wurde sie sich des erbärmlichen Zustands der Schüler des Meisters bewusst und betete unter

Tränen: „Meister, meine Kinder haben keinen guten Ort, wo sie wohnen können. Sie haben nicht genügend zu essen und betteln von Tür zu Tür. Ich wünschte, sie könnten ein Kloster wie dieses haben."[1] Ihr Wunsch wurde später mit dem Belur Math erfüllt, den Swami Vivekananda 1898 gründete, nachdem er aus dem Westen zurückgekommen war.

JAGGANATH-TEMPEL IN PURI, 1890ER

Im Februar 1890 kehrte Sarada nach Kalkutta zurück, wo sie in einem Mietshaus in Belur wohnte. Danach wohnte sie bei Mahendra Gupta. Am 25. März ging sie mit Advaitananda nach Gaya, um die Riten für Ramakrishnas Mutter Chandramani auszuführen, und besuchte erneut Bodh-Gaya. Im April kehrte sie wieder nach Kalkutta zurück.

Zu dieser Zeit war Balaram schwer erkrankt. Deshalb blieb sie bei der Familie, um ihr zu helfen. Ramakrishna hatte Balaram und seine Familie sehr gemocht, und ihr Haus in Kalkutta war einer der wichtigsten Treffpunkte für seine Schüler gewesen. Er war auch manchmal über Nacht geblieben. Balaram starb am 13. April 1890.

Ende Mai zog Sarada in ein abgelegenes Haus in Ghusuri in der Nähe von Belur. Yogin Ma, Golap Ma, Yogananda und Trigunatitananda blieben bei

---

[1] Chetanananda: Sri Sarada Devi, S. 180

ihr. Das Haus war sehr klein und still. Es gab nicht viele Besucher. Deshalb verbrachten sie ihre Zeit mit *Japa* und Meditation und damit, sich Geschichten über den Meister zu erzählen. Im Juli besuchte Vivekananda Sarada und bat um ihren Segen, da er sich als Wandermönch auf Pilgerschaft begeben wollte. Im August erkrankte Sarada an der Ruhr. Sie zog mit ihren Gefährten in ein Haus in Baranagore, wo eine ärztliche Behandlung leichter möglich war, bis sie wieder gesund war. Danach wohnte sie wieder bei Balarams Familie.

Von Oktober 1890 bis Juli 1893 war Sarada in Jayrambati. Sie fühlte sich dort wohl, weil sie sich frei unter ihren Nachbarn bewegen konnte, ohne einen Schleier zu tragen. In Kalkutta trug sie die meiste Zeit einen Schleier, wenn sie sich bei den männlichen Verehrern und Schülern des Meisters aufhielt. Sie lebte in den Häusern der Verehrer wie ein Vogel in einem Käfig und musste sich an alle Regeln halten und aufpassen, was sie tat und sagte. Sie genoss dort nicht viel Freiheit. In Jayrambati dagegen war sie frei. Über die Zeitspanne, die sie in ihrem Heimatdorf verbrachte, ist nicht viel bekannt. Sie lebte in der kleinen Lehmhütte, die ihrem Bruder Prasanna gehörte. Wenn Verehrer sie besuchten, wurden sie in der Lehmhütte, die als Wohnzimmer diente, untergebracht.

Sarada wurde von den Mönchen hochgeschätzt, als Mutter des Ordens betrachtet und nach ihrem Rat gefragt.

Vivekananda hatte erfahren, dass im Herbst 1893 das erste Parlament der Weltreligionen in Chicago stattfinden würde, und spielte mit dem Gedanken, als Vertreter des Hinduismus hinzugehen. Im Frühjahr hatte er einen bedeutenden Traum. Er sah, wie Ramakrishna ins Meer ging, ihm winkte, ihm zu folgen, und ihm befahl: „Geh!" Trotzdem wollte er Saradas Erlaubnis und Rat diesbezüglich einholen. Er schrieb an Saradananda: „Ich hatte eine Vision, in der der Meister mir sagte, ich möge in den Westen gehen. Ich bin sehr verwirrt. Bitte sag der Heiligen Mutter alles, und lass mich ihre Meinung wissen." Saradananda las Sarada seinen Brief vor. Sie antwortete nicht sofort. Nach einigen Tagen hatte sie einen ähnlichen Traum: Ramakrishna ging über die Wellen des Meeres und bat Narendra, ihm zu folgen. Da sagte sie zu Saradananda: „Bitte schreib an Naren, dass er in den Westen gehen soll."

Sarada kehrte im Juli 1893 nach Kalkutta zurück und wohnte wieder in Nilambar Mukherjees Gartenhaus in Belur, das die Verehrer für sie erneut gemietet hatten, wo sie bis Oktober desselben Jahres blieb. Yogin Ma, Golap Ma und Trigunatitananda leisteten ihr Gesellschaft. Dort übte sie den strengen Ritus des *Panchatapas*, wobei man sich von morgens bis abends von vier Feuern umrundet hinsetzt, mit der Sonne als „fünftem Feuer" über sich.

Sarada erinnerte sich: „Nach dem Tod des Meisters hatte ich einmal eine Vision von einem bärtigen *Sannyasin*, der mich bat, die Zeremonie des *Panchatapas* auszuführen. Anfangs schenkte ich dem keine Beachtung. Zudem wusste ich nicht einmal, was *Panchatapas* ist. Aber als der *Sannyasin* darauf bestand, fragte ich Yogin (Yogin Ma). Sie sagte: ‚Gut, Mutter, ich werde es mit dir ausführen.' In Nilambar Babus Haus in Belur wurden Vorbereitungen für die Zeremonie getroffen. Aus trockenem Kuhdung wurden auf vier Seiten Feuer angezündet, und die brennende Sonne war oben. Nach meinem morgendlichen Bad im Ganges ging ich zum Feuer und sah, dass die Flammen loderten. Ich wurde von großer Furcht ergriffen und fragte mich, wie ich den Bereich betreten und dort bis zur Abenddämmerung sitzen konnte. Nachdem ich den Namen des Meisters wiederholt hatte, betrat ich den Bereich, der von Feuern umgeben war. Es fühlte sich an, als hätten sie ihre Hitze verloren. So praktizierte ich diese Übung sieben Tage lang. Dadurch wurde meine helle Haut wie dunkle Asche. Danach habe ich den *Sannyasin* nie wiedergesehen."[1]

Diese Übung befreite Sarada von der Angst, die sie seit dem Tod des Meisters fühlte, und sie spürte einen inneren Frieden. Als sie Jahre später danach gefragt wurde, antwortete sie: „Es war nötig. [...] Ich habe diese Askese geübt, um anderen ein Beispiel zu geben. Sonst würden die Leute sagen: ‚Was ist Besonderes an ihr? Sie isst, schläft und bewegt sich wie ein gewöhnlicher Mensch.'" Als ein vertrauter Schüler den wirklichen Grund wissen wollte, sagte sie: „Mein Kind, ich habe es für euch alle praktiziert. Könnt ihr Entsagung üben? Deshalb musste ich es tun."[2]

Sarada spürte immer die Gegenwart Ramakrishnas, wo sie auch lebte. In einer Vollmondnacht hatte sie in Nilambars Haus eine Vision. Sie saß auf der Treppe, die zum Ganges führt, und betrachtete, wie sich der Vollmond

---

[1] ders., S. 189
[2] ders.

im Wasser spiegelte. Plötzlich sah sie Ramakrishna von hinten kommen und schnell auf den Fluss zugehen. Sobald er das Wasser berührte, löste sich sein Körper darin auf. Sie erzählte: „Ich betrachtete das Phänomen völlig erstaunt mit offenem Mund. Plötzlich erschien auch Naren, ich weiß nicht, von woher. Er rief: ‚Der Sieg gebührt Ramakrishna!‘, nahm etwas Wasser in seine Hände und begann, es auf unzählige Männer und Frauen, die sich versammelt hatten, zu verspritzen. Sie erlangten sofort die Befreiung."[1]

Diese Vision war so lebhaft in ihrer Erinnerung, dass sie mehrere Tage nicht im Ganges baden konnte. Sie sagte: „Der Ganges ist der Körper des Meisters. Wie kann ich ihn mit meinen Füßen berühren?"[2] Diese Erfahrung überzeugte sie schließlich davon, dass Ramakrishnas Tod nicht bedeutete, dass er zu existieren aufgehört hatte. Er war als Mensch erschienen, um einen kosmischen Zweck zu erfüllen, und sie musste auch ihren Teil dazu beitragen.

Im Dezember 1893 starb Balarams Tochter Bhubanmohini. Ihre Mutter Krishnabhavini war krank vor Kummer. Die Ärzte rieten ihr zu einem Aufenthalt in einem gesünderen Klima außerhalb von Kalkutta. Ein Haus in Kailwar wurde für sie gemietet, und Sarada begleitete sie zusammen mit Golap Ma, Yogin Ma, Yogananda, Saradananda, Trigunatitananda und einigen Dienern. Danach hielt sich Sarada in Jayrambati auf, danach wieder in Kalkutta, dann in Antpur, in Kamarpukur und in Jayrambati. Im Februar 1895 war sie wieder in Balarams Haus. Anschließend nahm sie ihre Mutter auf eine Pilgerreise mit. Yogin Ma, Golap Ma, Yogananda und ihre beiden Brüder Prasanna und Kali begleiteten sie. Sie besuchten Varanasi, Vrindavan, Prayag, Gaya und Bodh-Gaya. Nach ihrer Rückkehr nach Kalkutta verbrachte sie einen Monat in Mahendra Guptas Haus. Danach lebte sie bis 1896 die meiste Zeit in Jayrambati.

---

[1] ders., S. 190
[2] ders.

SARADA UND SWAMI VIVEKANANDA

SWAMI VIVEKANANDA, 1897

Swami Vivekananda (Narendra) trug das Ideal einer universellen Religion nach Amerika und Europa. Am 20. Februar 1897, dreieinhalb Jahre nach seiner Teilnahme am Parlament der Weltreligionen in Chicago und seiner erfolgreichen Vortragsreise durch den Westen, kehrte er nach Kalkutta zurück. Er war erschöpft von den vielen Vorträgen und Treffen. Auf Rat seines Arztes ging er deshalb am 8. März nach Darjeeling, um sich zu erholen, und kehrte am 28. April nach Kalkutta zurück. Am nächsten Tag besuchte er Sarada in der Bosepara Lane 10/2 in Baghbazar.

Kumudbandhu Sen war Augenzeuge dieses Treffens und berichtete: „Die Heilige Mutter stand still an der Tür ihres Zimmers und trug ihre übliche Verschleierung. Swamiji verneigte sich vor ihr. Es war ein himmlischer Anblick, zu sehen, wie der weltberühmte Swami Vivekananda sich in tiefer Verehrung und Demut wie ein hingebungsvoller Sohn vor der Heiligen

Mutter verneigte. Die Heilige Mutter war durch den Anblick von Swamiji nach fast sieben Jahren tief bewegt und stand sprachlos da, als wäre sie in Trance. Die ganze Atmosphäre war erfüllt von einer unbeschreiblichen Sublimität und göttlichen Seligkeit.

Als Swamiji sich verneigte, berührte er ihre Füße nicht, wie es üblich ist. Als er sich nach seiner Verbeugung erhob, wandte er sich an uns alle, die hinter ihm standen, und sagte mit sanfter Stimme: ‚Geht und verneigt euch vor der Mutter, aber berührt nicht ihre Füße. Sie ist so gnädig, zärtlich und liebevoll, dass sie aus ihrer unendlichen Gnade, Liebe und ihrem Mitleid für jeden alle Not und alles Leiden der unglücklichen Seele an sich zieht und auf sich nimmt, wenn man ihre Füße berührt. Dadurch muss sie still für andere leiden. Geht zu ihr, einer nach dem anderen, und verneigt euch vor ihr. Betet zu ihr und bittet aus dem Grund eures Herzens mit aller Aufrichtigkeit um ihren Segen, aber ohne es auszusprechen. Sie ist immer in einem überbewussten Zustand und versteht jeden.‘

Wie Swamiji uns angewiesen hatte, verneigten wir uns still vor der Mutter, einer nach dem anderen. Swamiji stand ruhig in einer Ecke der Veranda. Als wir uns vor der Mutter verneigt hatten, brach Golap Ma das Schweigen und fragte Swamiji im Namen der Mutter liebevoll: ‚Die Mutter will wissen, wie es dir in Darjeeling ergangen ist. Geht es dir besser?‘

Swamiji: ‚Ja, es geht mir viel besser. Mahendra Banerjee und seine Frau haben für meine Bequemlichkeit gesorgt. Ich hoffe, dass es mir bald wieder gut gehen wird.‘

Golap Ma: ‚Die Mutter sagt, dass der Meister immer bei dir ist. Du hast noch viel mehr zum Wohl der Welt zu tun.‘[1]

Swamiji: ‚Ich erkenne, fühle und weiß, dass ich nur ein Instrument des Meisters bin. Manchmal staune ich selbst darüber, welch großartige Dinge sich ereignen und wie im Westen Männer und Frauen bereit sind, ihr Leben diesem edlen Zweck zu widmen und mir freiwillig zu helfen, die Botschaft des Meisters zu verbreiten. Ich bin mit dem Segen der Mutter nach Amerika gegangen, und als ich damit Erfolg hatte, die Menschen durch meine Vorträge zu bewegen, und tobenden Beifall von ihnen erhielt, dachte ich sofort

---

[1] Sarada Devi sprach manchmal nicht direkt mit den männlichen Verehrern, sondern durch eine andere Person, wie es die Sitte verlangte.

an die Kraft des Segens der Mutter, der solch ein Wunder bewirkt hat. Wenn ich still war, konnte ich deutlich dieselbe göttliche Kraft wahrnehmen, die der Meister die „Göttliche Mutter" genannt hat und die mich dort führte.'

Golap Ma übermittelte ihm die Antwort der Mutter: ‚Der Meister ist nicht von der Göttlichen Mutter getrennt. Der Meister tut all diese großen Dinge durch dich. Du bist sein erwählter Schüler und Sohn. Er hat dich sehr geliebt und allen vorausgesagt, dass du bestimmt bist, eines Tages ein hervorragender Weltenlehrer zu sein.'

Mit großer Rührung sagte Swamiji: ‚Mutter, ich will die Botschaft des Meisters verbreiten und zu diesem Zweck so bald wie möglich eine würdige und bleibende Organisation gründen. Aber es betrübt mich, dass ich die Dinge nicht so schnell tun kann, wie ich will.'

Da sagte die Heilige Mutter sanft mit mütterlicher Liebe: ‚Sorge dich nicht darum. Was du getan hast und was du tun wirst, wird dauerhaft bleiben. Du bist für diese Mission in dieser Welt geboren worden. Tausende werden dich als den erleuchteten Weltenlehrer betrachten. Sei gewiss, dass der Meister deinen Wunsch sehr bald erfüllen wird. Du wirst schon bald sehen, dass deine Ideen praktische Gestalt annehmen.'

Swamiji sagte mit andächtiger Ehrfurcht zur Mutter: ‚Segne mich, Mutter, dass ich sehe, wie mein Plan so schnell wie möglich Gestalt annimmt.'

Mit diesen Worten verabschiedete sich Swamiji von der Heiligen Mutter und verneigte sich erneut ehrfurchtsvoll vor ihr."[1]

Vivekananda fühlte sich durch den Segen der Heiligen Mutter sehr bestärkt. Er hielt viel von ihr, was in einem Brief deutlich wird, den er einem Mitbruder aus Amerika schrieb. „Du hast noch nicht verstanden, wie wertvoll die Mutter ist. Die Leute verstehen sie jetzt nicht, aber sie werden es allmählich tun. Bruder, es gibt keine Erlösung der Welt ohne die Hilfe der Göttlichen Kraft. […] Warum ist unser Land das schwächste und rückständigste aller Länder? Weil hier die *Shakti* nicht geehrt wird. Ohne die Gnade der *Shakti* wird nichts erreicht. Was finde ich in Amerika und Europa? Die Verehrung der *Shakti*, die Verehrung der Kraft. Aber sie verehren Sie unwissentlich durch die Befriedigung der Sinne. Stell dir vor, wie viel Gutes sie erlangen

---

[1] Chetanananda: Sri Sarada Devi, S.197-199

würden, wenn sie die *Shakti* mit Reinheit verehren und als ihre Mutter betrachten würden! Ich verstehe jeden Tag mehr. Meine Einsicht öffnet sich zunehmend. […] Lass Ramakrishna verschwinden. Das erschrickt mich nicht. Aber es wäre eine Katastrophe, wenn die Leute die Mutter vergessen würden. […] Keiner von euch hat die Mutter verstanden. Ihre Gnade für mich ist hunderttausendmal größer als die des Meisters. […] Was die Mutter betrifft, bin ich ein wenig fanatisch. Ich kann alles tun, wenn sie es befiehlt. […] Bruder, wenn ich an die Mutter denke, sage ich mir: ‚Wer ist dieser Ramakrishna?‘ Ich sage das, weil ich fanatisch bin. Ob Ramakrishna ein Gott oder Mensch war – du kannst sagen, was du willst. Aber, Bruder, Schande über jenen, der nicht der Mutter hingegeben ist!“[1]

BALARAMS HAUS IN KALKUTTA

Swami Vivekananda gründete am 1. Mai 1897 die Ramakrishna Mission in Balarams Haus in Kalkutta. Sie widmete sich humanitären Projekten, der medizinischen Versorgung der armen Bevölkerung und der Bildung. Dort fanden am Sonntagabend die wöchentlichen Treffen statt. Sarada nahm öfter in Begleitung ihrer Gefährtinnen und Verehrer daran teil. Vivekananda saß diesen Treffen vor und sang viele Lieder, besonders wenn Sarada da war.

---

[1] ders., S. 199 f.

Am 6. Mai 1897 ging Vivekananda mit Yogananda, Adbhutananda und Niranjanananda nach Almora, um sich zu erholen. Andere gesellten sich ihm später bei. Einmal sprach er mit seinen Mitbrüdern über seine Idee eines künftigen Frauen-Math am Ufer des Ganges, den die Mutter führen sollte. „Unsere Mutter ist ein riesiges Reservoir an spiritueller Energie, obwohl sie äußerlich still wie das tiefe Meer ist. Ihre Ankunft bedeutet den Beginn einer neuen Ära in der Geschichte Indiens. Die Ideale, die sie lebt und lehrt, werden nicht nur die Bemühungen für die Emanzipation der Frauen in Indien vergeistigen, sondern auch in das Denken und die Herzen der Frauen weltweit eindringen und sie beeinflussen. Die Mutter repräsentiert den höchsten Ausdruck der Weiblichkeit, besonders in Indien. Sie (die Mutterschaft) ist ein angeborener Instinkt in jeder Frau, dessen Anzeichen bereits bei einem kleinen Mädchen entdeckt werden können. Im Westen ruht die ganze Struktur der Gesellschaft auf der Weiblichkeit der Frauen. Aber die Mutterschaft ist der wahre Ausdruck der göttlichen Liebe – sublim, edel und weit wie der Himmel."[1]

Yogananda war von dieser Idee nicht begeistert und wandte ein: „Tu, was immer du für das Wohl der Gesellschaft für dienlich hältst, aber mach die Mutter jetzt nicht öffentlich bekannt. Erinnerst du dich nicht, dass der Meister uns gesagt hat, dass sein Körper nicht überleben würde, wenn wir in der Öffentlichkeit über ihn predigen würden? Dasselbe kann auch bezüglich der Mutter gesagt werden. Ich erlaube nicht, dass jeder Beliebige die Mutter trifft oder ihre Füße berührt, während er sie begrüßt. Ich kümmere mich darum, dass nur aufrichtige Verehrer mit einem reinen Charakter ihren *Darshan* erhalten. Deshalb bitte ich dich demütig, Bruder, die Mutter jetzt nicht zu stören. Du kannst mit der Hilfe und Mitarbeit von Verehrerinnen mit einem einwandfreien Charakter und spiritueller Erkenntnis, die auch Bildung und Fähigkeiten in verschiedenen Wissens- und Arbeitsbereichen besitzen und sich um diese Organisation kümmern können, einen Frauen-Math errichten, ohne dass eine direkte Verbindung mit den Männern besteht, ganz zu schweigen mit unseren *Sadhus*."[2]

Vivekananda nahm Yoganandas Rat an und versprach, die Mutter nicht zu stören und sie ihre Mission auf ihre eigene Weise erfüllen zu lassen. Erst

---

[1] ders., S. 201
[2] ders.

1954 wurde das erste Frauenkloster, der Sarada Math, in Dakshineswar gegründet.

1892 war die Klostergemeinschaft von Baranagore nach Alambazar in ein besseres Haus umgezogen, das aber 1897 von einem Erdbeben zerstört und unbewohnbar geworden war. Die Gemeinschaft benötigte eine neue Niederlassung.

Vivekananda plante den Erwerb eines Grundstücks am Ganges, um dort ein neues Kloster zu bauen. Im Februar 1898 erwarb er ein Gelände am Westufer des Hugli-Flusses. Als Übergangslösung zogen die Mönche am 13. Februar 1898 in Nilambar Mukherjees Gartenhaus, das sehr nahe an dem neu erworbenen Grundstück lag. Als das Grundstück gekauft worden war, nahm Vivekananda Sarada eines Tages dorthin mit, führte sie umher und sagte: ,Mutter, jetzt kannst du dich frei an deinem eigenen Ort bewegen.'"

Im März 1898 brach in Kalkutta die Pest aus. Vivekananda wollte sofort einen Plan erstellen, wie man der Bevölkerung helfen konnte, aber die Mönche hatten kein Geld. Da sagte er zu seinen Mitbrüdern: „Wenn nötig verkaufen wir das Land, das wir soeben für das Kloster gekauft haben. Wir sind *Sannyasins*. Wir müssen bereit sein, unter Bäumen zu schlafen und von Almosen zu leben, wie wir es zuvor getan haben. Müssen wir uns um das Kloster und Besitztümer sorgen, wenn wir durch ihren Verkauf tausenden Menschen helfen können, die vor unseren Augen leiden?"[1]

Vivekananda besaß eine starke Persönlichkeit, und seine Mitbrüder folgten gewöhnlich seiner Meinung. Doch diesmal wandte Shivananda ein: „Swamiji, du berätst dich über wichtige Dinge immer mit der Heiligen Mutter. Willst du das nicht tun, bevor du das Grundstück des Math verkaufst?"

Vivekananda stimmte ihm sofort zu und ging in Begleitung von Brahmananda, Shivananda und Saradananda zu ihr nach Kalkutta. Nachdem er sich vor ihr verneigt hatte, sagte er: „Mutter, wir haben kein Geld, um den an der Pest leidenden Menschen zu dienen. Ich denke daran, das Grundstück des Math zu verkaufen und das Geld zur Linderung der Not zu verwenden. Wir sind Mönche. Wir können unter Bäumen leben. Wir brauchen deine Erlaubnis."

---

[1] ders., S. 202 f.

SWAMI SHIVANANDA

Sarada hatte Vivekanandas Projekte immer unterstützt, aber diesmal war sie nicht seiner Meinung und sagte: „Mein Sohn, du kannst das Grundstück des Math nicht verkaufen. Dies ist nicht dein Math. Er gehört dem Meister. Ihr seid meine heldenhaften Söhne. Ihr könnt euer Leben unter den Bäumen verbringen. Aber meine Kinder, die künftig kommen werden, können nicht unter den Bäumen leben. Dieser Math ist für sie. […] Wird der Zweck des Math erfüllt sein, nachdem man nur eine Hilfsaktion durchgeführt hat? Die Ziele der Mission des Meisters sind vielfältig. Die vielen Vorstellungen des Meisters werden sich in Zukunft über die Welt verbreiten. Seine Mission wird sich durch viele Zeitalter fortsetzen."[1]

Swami Vivekananda erkannte sofort, dass Sarada recht hatte, und akzeptierte gern ihren Rat. Der Math wurde gebaut und wurde als Belur-Math bekannt.

---

[1] ders., S. 203

Vivekananda sorgte dafür, dass Sarada fortan 25 Rupien im Monat für ihren Unterhalt erhielt. Am 20. Juni 1899 reiste er wieder in den Westen und kehrte nach eineinhalb Jahren zurück.

Einmal überquerten Vivekananda und Turiyananda den Ganges mit dem Boot, um Sarada in Kalkutta zu besuchen. Da bemerkte Turiyananda, dass Vivekananda das schlammige Gangeswasser trank. Er warnte ihn: „Swamiji, du wirst krank werden." Doch Vivekananda erwiderte: „Nein, Bruder. Ich fürchte, wenn ich die Heilige Mutter in Kalkutta besuche, ist mein Geist nicht rein genug. Deshalb reinige ich ihn, indem ich Gangeswasser trinke."[1] Er befürchtete, dass die Mutter seine Unreinheiten auf sich nehmen und leiden könnte.

Als Vivekananda am 4. Juli 1902 unerwartet mit erst 39 im Belur Math starb, war Sarada in Jayrambati. Als sie die schreckliche Nachricht erfuhr, schwieg sie drei Tage lang und weinte bitterlich. Sie jammerte: „Meister, hast du mich gebeten zu bleiben, damit ich sehe, wie meine Kinder sterben?"[2]

---

[1] ders., S. 209 Gangeswasser galt als reinigend.
[2] ders.

SARADA UND DIE WESTLICHEN FRAUEN

Swami Vivekananda hatte viele Schüler und Schülerinnen in Amerika und England. Einige von ihnen kamen nach Indien, um dort unterstützende Arbeit zu leisten. Wie wir bereits gesehen haben, war es Vivekananda ein Anliegen, dass die Frauen auch einen Math erhalten sollten. So schrieb er seiner Schülerin Sara Bull, der Witwe des norwegischen Violinisten Ole Bull: „Meine Aufgabe wäre nicht vollkommen, wenn ich sterben würde, ohne zwei Orte gegründet zu haben – einen für die *Sannyasins* und einen für die Frauen."[1] Er wollte auch, dass indische Frauen eine Ausbildung erhielten. Zu diesem Zweck bekam er von einigen westlichen Frauen finanzielle Unterstützung. Zwei westliche Frauen, die er eingeweiht hatte, Margaret Elizabeth Noble (Schwester Nivedita) und Christine Greenstidel (Schwester Christine), widmeten ihr Leben in der Folge der Bildung indischer Frauen. Nivedita eröffnete in der Nähe von Saradas Haus eine Mädchenschule.

Am 17. März 1898 kam Sarada zum ersten Mal mit westlichen Frauen in Kontakt. Sara Bull, Josephine MacLeod und Schwester Nivedita besuchten sie in der Bosepara Lane in Kalkutta. Obwohl sie nicht dieselbe Sprache sprachen, konnten sie sich doch durch die Sprache des Herzens verständigen. Sarada empfing sie liebevoll und behandelte sie wie ihre Töchter. Als sie Erfrischungen servierte, aß sie sogar mit ihnen, was ungewöhnlich war, da sie sich normalerweise an die Kastenregel hielt, nicht mit Leuten aus einer anderen Kaste zu essen.

Sara Bull schrieb über dieses Treffen: „Wir waren die ersten Fremden, die die Erlaubnis erhalten hatten, Sarada Devi, die Witwe Sri Ramakrishnas, zu besuchen. Sie nannte uns ihre Kinder. Sie sagte, dass unser Besuch bei ihr der des Herrn sei, und fühlte kein Befremden in unserer Gesellschaft. Als ich sie bat, Gehorsam gegenüber dem Guru zu definieren, der in ihrem Fall ihr Mann war, erwiderte sie sinngemäß: ‚Wenn man einen erwählten Guru oder Lehrer hat, sollte man auf ihn hören und seine Anweisungen für den spirituellen Fortschritt befolgen. Aber in weltlichen Dingen kann man dem Guru am besten dienen, indem man seine eigene Urteilskraft benutzt, auch

---

[1] Chetanananda: Sri Sarada Devi, S. 211

wenn sie manchmal nicht mit den Ratschlägen [des Gurus] übereinstimmt."[1]

Am 22. Mai 1898 schrieb Schwester Nivedita an ihre Freundin Mrs. Hammond in London: „Ich habe oft daran gedacht, dir von der Frau zu erzählen, die die Frau von Sri Ramakrishna war. Sarada ist ihr Name. Um zu beginnen: Sie ist in ein weißes Baumwolltuch gekleidet, wie jede andere hinduistische Witwe unter fünfzig. Dieses Gewand ist um die Taille gewunden und bildet einen Rock. Dann windet es sich um den Oberkörper und bildet über dem Kopf einen Schleier, wie der einer Nonne. Wenn ein Mann mit ihr spricht, steht er hinter ihr, und sie zieht diesen weißen Schleier sehr weit nach vorn über ihr Gesicht. Sie antwortet ihm nicht direkt. Sie spricht fast flüsternd mit einer anderen älteren Frau, und diese Frau wiederholt dem Mann ihre Worte. Auf diese Weise kommt es, dass der Meister [Vivekananda] nie das Gesicht von Sarada gesehen hat! Zudem musst du dir vorstellen, dass sie immer auf dem Boden auf einer kleinen Bambusmatte sitzt.

All das hört sich vielleicht nicht sehr vernünftig an, doch von dieser Frau wird gesagt, sie sei völlig sachlich und besitze einen gesunden Menschenverstand, was sie denjenigen, die sie ein wenig kennen, auch zu verstehen gibt. Sri Ramakrishna hat sie immer um Rat gefragt, bevor er etwas unternahm, und ihr Rat wird von seinen Schülern stets befolgt. […]

Und sie ist so liebevoll. Sie nennt mich ‚meine Tochter‘. Sie war immer schrecklich orthodox, aber all das hat sich sofort verflüchtigt, als sie die beiden ersten westlichen Frauen, Mrs. Bull und Miss MacLeod, sah, und sie aß Obst mit ihnen. Uns wird immer sofort Obst angeboten, und natürlich auch ihr, und zur Überraschung aller nahm sie es an. Das gab uns allen Würde und ermöglichte meine zukünftige Arbeit auf eine Weise, wie nichts anderes es hätte tun können.

Dann solltest du das galante Empfinden der Mönche sehen, das sie für sie haben. Sie nennen sie immer ihre ‚Mutter‘ und sprechen von ihr als ‚der Heiligen Mutter‘ – und bei jedem Ernstfall denken sie zuerst an sie. Einer oder zwei kümmern sich immer um sie, und was immer sie will, ist ihnen

---

[1] ders., S. 212

Befehl. [...] Sie ist wahrhaft in der einfachsten, bescheidensten Gestalt eine der stärksten und größten Frauen."[1]

Josephine MacLeod traf Sarada oft und besuchte sie einmal

in Kalkutta. Sie beobachtete, wie die indischen Frauen sich vor Sarada verneigten und mit der Stirn ihre Füße berührten. Miss MacLeod stand einige Augenblicke unentschlossen da und wusste nicht, wie sie Sarada grüßen sollte. Das fiel Sarada auf, und sie wies mit einer leichten Handbewegung darauf hin, dass westliche Verehrer der hinduistischen Sitte nicht folgen müssten. Miss MacLeod war vom gesunden Menschenverstand der Mutter beeindruckt, den sie später als ihre beeindruckendste Charaktereigenschaft bezeichnete.

Eines Tages bat Mrs. Bull Sarada, sich fotografieren zu lassen, aber sie war zu scheu, um in ein Fotostudio zu gehen und ihr Gesicht vor einem Fotografen zu enthüllen, den sie nicht kannte. Mrs. Bull sagte zu ihr: „Mutter, ich möchte das Foto nach Amerika mitnehmen und es verehren." Da stimmte Sarada zu, wenn der Fotograf eine Frau wäre. Als keine Fotografin gefunden werden konnte, wurde ein englischer Fotograf namens Harrington beauftragt, in das Haus von Sarada zu kommen. Eine schwarze Leinwand wurde als Hintergrund an die Wand eines Mansardenzimmers gehängt und zwei Töpfe mit einer Palme und einem Farn aufgestellt. Sarada setzte sich auf einen kleinen Fellteppich auf einer Liege. Nivedita, Mrs. Bull und Golap Ma richteten ihr Gewand, ihr Haar und ihren Schleier. Dann kam der Fotograf. Sarada schlug die Augen nieder und ging in Ekstase ein. Das war das erste Foto, das von ihr gemacht wurde. Nach einiger Zeit erlangte sie ihren normalen Zustand wieder, und der Fotograf nahm ein zweites Bild auf, das jetzt überall verehrt wird. Ein drittes Foto zeigt sie mit Nivedita. Sie war damals 45 Jahre alt.

Mrs. Bull war eine wohlhabende und großzügige Frau. Sie half der Ramakrishna Mission und Niveditas Schule finanziell und zahlte Sarada ab 1907 60 Rupien im Monat Unterhalt. Als Mrs. Bull 1910 in Amerika erkrankte, war Sarada sehr besorgt um sie und diktierte Nivedita einen Brief, den sie mit Ma unterzeichnete. Ramakrishna hat zeitlebens keinen Brief geschrieben, aber Sarada diktierte Hunderte Briefe an ihre indischen und westlichen

---

[1] ders., S. 212 f.

Verehrer und Schüler. Obwohl sie etwas lesen und schreiben konnte, schrieb sie die Briefe nicht selbst und ließ sich die empfangenen Briefe vorlesen.

SARADA DEVI, 1898

Der Brief lautete:

Mutter,

ich habe gehört, dass du schwer krank bist. Ich sorge mich sehr um dich. Ich habe von deiner Tochter Nivedita gehört, dass es dir etwas besser geht. Ich bete zu *Thakur* [Ramakrishna], dem Herrn, für deine schnelle Gesundung.

Ich habe für dich ein Tulsi- und ein Bel-Blatt zu Füßen des Meisters dargebracht und bin an drei Abenden vor ihm gesessen und habe für dich gebetet. Bitte gib ihr [Miss MacLeod] meinen warmen Segen und vergiss Christine nicht, falls du sie siehst.

Und jetzt schicke ich dir vom Herrn eine Blume und Sandelstaub, die ich ihm andächtig dargebracht habe. Meine tiefe Liebe und meinen Segen wirst du erkennen.

Deine Ma[1]

SARADA UND NIVEDITA, 1898

Schwester Nivedita spielte sowohl in Swami Vivekanandas als auch in Saradas Leben eine bedeutende Rolle. Sie hieß ursprünglich Margaret Elizabeth Noble und war irischer Abstammung. 1896 traf sie Vivekananda in London und wurde seine Schülerin. Er gab ihr den Namen Nivedita (die Hingegebene, eine, die sich dem Dienst für die Menschen widmet). Sie fasste den Entschluss, sich um die Erziehung indischer Mädchen zu kümmern, und reiste nach Indien.

Als Nivedita Sarada zum ersten Mal besuchte, fragte Sarada sie durch einen Übersetzer nach ihrem Namen. Als Nivedita erwiderte: „Mein Name ist

---

[1] ders., S. 216

Miss Margaret Elizabeth Noble", meinte Sarada: „Mein Kind, ich kann keinen solch langen Namen aussprechen. Ich werde dich Khooki (Baby) nennen." Nivedita sagte voller Freude: „Ja, ja, ich bin Mutters Baby."

Nivedita begann, Bengalisch zu lernen, damit sie direkt mit der Mutter sprechen konnte. Sarada behielt Nivedita eine Zeit lang in ihrem Haus in der Bosepara Lane 10/2, um sie in den hinduistischen Sitten und Bräuchen zu unterrichten. Auf Vivekanandas Bitte hin zog Nivedita schließlich in die Bosepara Lane 16, ganz in der Nähe, und eröffnete eine Mädchenschule. Am 13. November 1898 weihte Sarada die Schule ein, indem sie sagte: „Möge die Göttliche Weltenmutter diese Schule segnen. Mögen die Mädchen, die hier unterrichtet werden, Vorbilder für die Gesellschaft sein."

Fast täglich besuchte Nivedita Sarada und verneigte sich vor ihr. Jeden Sonntag putzte sie Saradas Zimmer, wischte den Boden und polierte die Glasscheiben der Türen und Fenster. Nivedita erledigte diese Arbeit von sich aus.

Nivedita besaß nicht viel Geld und wurde finanziell von Miss Mac Leod und Mrs. Bull unterstützt. Doch sie liebte es, Sarada Geschenke zu machen. Am 24. Februar 1904 schrieb sie an Miss MacLeod, nachdem Sarada von Jayrambati zurückgekehrt war: „Die Heilige Mutter ist hier. Sie ist so klein, so dünn, so dunkel, ich sollte sagen, physisch erschöpft vom harten Leben im Dorf. Aber sie besitzt denselben klaren Geist, dieselbe Würde, dieselbe Weiblichkeit wie zuvor. Oh, wie gerne würde ich ihr viele Annehmlichkeiten bereiten! Sie braucht ein weiches Kissen, ein Regal, einen kleinen Teppich, so viele Dinge. Sie hat immer so viele Leute um sich. Ich würde ihr gern ein schönes Bild geben, ein Stück helle Farbe. Aber ich vermute, das muss warten."[1]

Sarala, eine Schülerin Niveditas, erinnerte sich: „Jedes Mal, wenn Schwester Nivedita die Mutter besuchte, beobachtete ich, wie sie lange versunken vor der Mutter saß. Sie verneigte sich in einer vollen Niederwerfung vor der Mutter, und eine unbeschreibliche Woge der Seligkeit überflutete ihr ganzes Gesicht. Sie sah wie ein freudiges Kind aus, das genau das Gesicht seiner Mutter betrachtet.

---

[1] ders., S. 219

Einmal schenkte die Mutter der Schwester einen Fächer aus einem Palmblatt mit Wollspitzen um die Kanten, den sie selbst gemacht hatte. Als sie diesen Fächer aus der Hand der Mutter empfing, war sie außer sich und rief: ‚Dieser Fächer hat *Matadevi* (die Heilige Mutter) gemacht, und sie hat ihn mir gegeben.‘ Das wiederholte sie immer wieder und berührte mit dem Fächer ihren Kopf und ihre Brust. Und auch jene, die zugegen waren, berührte die Schwester mit dem Fächer an den Köpfen, auch mich. Als die Mutter ihre ausgelassene Freude sah, meinte sie: ‚Seht, wie Nivedita sich über dieses einfache Ding freut? Ach, wie einfach sie ist, und welchen tiefen Glauben sie hat– als wäre sie eine Göttin! Wieviel Hingabe hat sie für Naren! Weil er in diesem Land geboren wurde, hat sie ihre Heimat und Familie verlassen und ist gekommen, um mit Herz und Seele diese Arbeit zu tun. Welche Hingabe an den Guru! Und welche Liebe für dieses Land!‘

Eines Tages sagte Nivedita, dass die Heilige Mutter unsere Schule besuchen würde und wir den festlichen Anlass würdigen sollten. Sie rannte eifrig wie ein kleines Mädchen hin und her. Die Kutsche der Heiligen Mutter kam am Nachmittag anstatt am Morgen. Radhu, Golap Ma und andere begleiteten sie. Sobald sie aus dem Wagen gestiegen war, verneigte sich Nivedita vor ihr und führte sie in die Gebetshalle. Sie gab uns Blumen, die wir den Füßen der Heiligen Mutter darbringen sollten, und bat die Mädchen, etwas zu singen. Das taten sie. Sie sagten ein Gedicht vom Dichter Saralabala Sarkar auf. Die Heilige Mutter hörte zu und mochte es. Dann nahm sie ein Stück von den Süßigkeiten und bat Nivedita, den Rest als *Prasad* unter uns zu verteilen. Danach führte Nivedita die Mutter umher und zeigte ihr das ganze Haus und die Handarbeiten der Mädchen. Die Mutter freute sich sehr und meinte: ‚Die Mädchen haben fleißig gelernt.‘ Später brachte Nivedita die Mutter in ihr eigenes Zimmer, damit sie sich ausruhen konnte.“[1]

Eines Tages besuchten Nivedita und Christine Sarada. Nivedita sagte in Bengalisch: „*Matridevi, apani han amadiger Kali* – Mutter, du bist unsere *Kali*.“ Christine wiederholte auf Englisch: „Die Heilige Mutter ist unsere *Kali*.“ Daraufhin sagte Sarada lachend: „Nein, meine Kinder, ich kann nicht *Kali* sein, sonst müsste ich meine Zunge herausstrecken!“[2] Als ihnen das übersetzt wurde, meinten sie: „Du musst dir diese Mühe nicht machen. Wir

---

[1] ders., S. 219 f.
[2] Die Göttin *Kali* wird mit herausgestreckter Zunge dargestellt.

betrachten dich als unsere Mutter *Kali*. Sri Ramakrishna ist unser *Shiva*."
Sarada erwiderte lächelnd: „Dann ist es gut."[1]

SCHWESTER CHRISTINE

Als Nivedita am 13. Oktober 1911 in Darjeeling im Alter von 43 Jahren starb, war Sarada untröstlich und sagte: „Welche aufrichtige Hingabe Nivedita hatte! Ihr war nichts zu viel, was sie für mich tun konnte. Sie kam oft abends zu mir. Wenn sie bemerkte, dass das Licht der Lampe mir in die Augen stach, legte sie einen Papierschirm um die Lampe. Sie verneigte sich mit großer Zärtlichkeit vor mir und nahm den Staub meiner Füße mit ihrem Taschentuch auf. Ich spürte, dass sie zögerte, meine Füße zu berühren."[2]

Nach Niveditas Tod übernahm Schwester Christine, die ebenfalls Lehrerin war, die Mädchenschule.

---

[1] s. ders., S. 220
[2] ders., S. 223

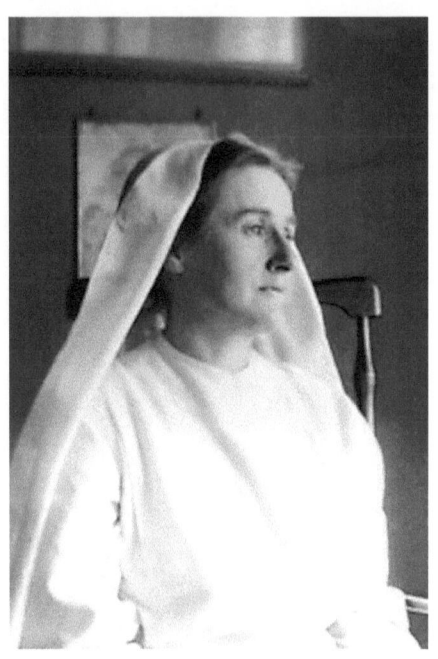

SCHWESTER DEVAMATA

Einmal ruhte sich Sarada auf ihrem Bett aus. Mehrere Verehrerinnen waren bei ihr. Jemand begann, über Jesus Christus zu sprechen. Die Mutter stand auf und grüßte den Herrn Jesus mit gefalteten Händen. Dann sagte sie: „Ich habe von Nivedita viel über Jesus Christus gehört. Sie hat mir viele schöne Geschichten über ihn vorgelesen. Ach, Jesus kam in diese Welt, um die Menschen zu erlösen, und wie viel Schmerz musste er ertragen. Er hat freudig alles auf sich genommen. Trotz aller Verfolgung liebte er die Menschen und vergab ihnen bedingungslos. Sein eigener Schüler verriet ihn. Ach, sie töteten ihn mit Nägeln in seinen Händen und Füßen. Trotz dieser schrecklichen Tortur und Qual vergab er ihnen bereitwillig. Er betete zu Gott, nicht übelzunehmen, was sie taten. Ist es für Menschen möglich, eine solche Liebe und Kraft der Vergebung zu haben? Wer kann das ertragen außer Gott? Gott kam als Jesus, um den Menschen der Welt göttliche Liebe zu lehren."[1]

Eine weitere Anhängerin Vivekanandas war Laura F. Glenn. Sie hörte Vivekanandas Vorträge in New York und wurde eine große Anhängerin des

---

[1] ders., S. 223 f.

Vedanta. Später wurde sie Nonne und trat dem Vedanta Center von Boston bei, wobei sie zu Schwester Devamata wurde. 1909 besuchte sie Indien und wohnte bei Nivedita und Christine. Sie besuchte täglich Sarada und leistete ihr persönliche Dienste. Sarada mochte Schwester Devamata sehr.

Gegen Ende 1912 besuchte Betty Leggett Sarada. Sie war die Schwester von Miss MacLeod und eine große Bewunderin und Gehilfin von Vivekananda. Sie spendete dem Belur Math 10.000 Rupien für die Erbauung des Gästehauses für westliche Besucher, das jetzt die Unterkunft des Präsidenten ist. Sie spendete auch 20.000 Rupien für das Leggett Haus, das den Mönchen als Unterkunft dient.

Sarada Devi kam mit noch weiteren westlichen Frauen in Kontakt. Es muss bedacht werden, dass damals viele Menschen aus dem Westen in Kalkutta lebten. Es war die Zeit der britischen Fremdherrschaft, und Kalkutta war die Hauptstadt von British Indien.

SARADA UND EINIGE VEREHRER

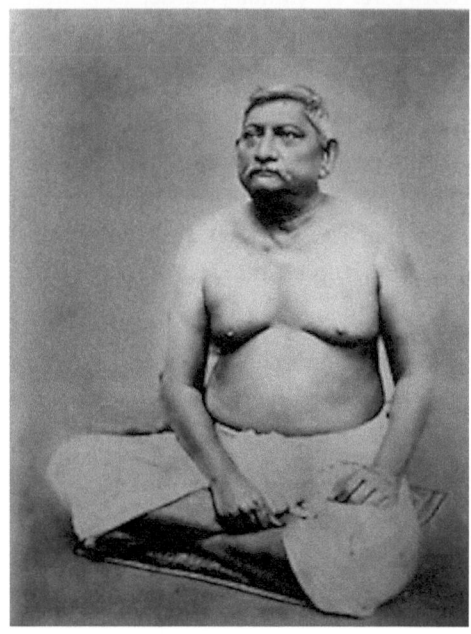

GIRISH CHANDRA GHOSH

Girish Chandra Ghosh, der berühmte bengalische Stückeschreiber und Vater des bengalischen Theaters, hatte eine sehr enge Beziehung zu Ramakrishna und bezeichnete ihn als *Avatar* (göttliche Inkarnation). Er hatte auch eine hohe Achtung vor Sarada. Als seine zweite Frau Suratkumari 1888 starb, versank er in tiefer Trauer.

Als Sarada im September 1890 in Baranagore weilte, trauerte Girish immer noch um seine Frau. Swami Niranjanananda wusste das und bestand darauf, dass Girish Sarada besuchte. Girish nahm seinen dreijährigen Sohn mit. Da das Kind Sarada schon einmal gesehen hatte, zeigte es nach oben, wo sie wohnte, und wurde zu ihr hinaufgebracht. Als es wieder herunterkam, begann es, seinen Vater an der Hand zu ziehen. Girish brach in Tränen aus und sagte: „Wie kann ich zur Mutter gehen? Ich bin ein großer Sünder." Doch schließlich gab er seinem Sohn nach und stieg mit ihm auf den Armen die Treppe hinauf. Ausgestreckt fiel er der Mutter zu Füßen und sagte: „Mein Sohn hat es zustande gebracht, dass ich deine heiligen Füße gesehen habe."

Doch bald darauf starb der Junge, was ihn in einen noch tieferen Kummer stürzte.

Als seine erste Frau gestorben war, hatte Girish seinen Kummer mit Alkohol ertränkt und ein sehr ausschweifendes Leben geführt, was sich gebessert hatte, als er Ramakrishna traf.

Als Sarada 1891 in Jayrambati weilte, besuchte Girish sie. Er verbrachte dort eine glückliche und sorgenfreie Zeit und wanderte frei in den Wiesen umher. Manchmal unterhielt er die Dorfbewohner mit seinen Gesängen. Während seines Aufenthalts dort erkannte er die Vergänglichkeit des Familienlebens und bat Sarada mehrere Male um ihre Zustimmung, ein mönchisches Leben führen zu dürfen. Aber sie war nicht damit einverstanden und schlug stattdessen vor, dass er seine Laufbahn als Stückeschreiber, Schauspieler und Theaterintendant fortsetzen sollte. Sarada besuchte mehrmals Girishs Theater und sah sich seine Stücke an. Girish unterstützte Sarada finanziell. Er starb am 11. Februar 1912.

Sarada war auch sehr Nag Mahashay zugetan, ein demütiger Verehrer Ramakrishnas, der viel Entsagung übte und ein völlig gegensätzlicher Charakter zu Girish war. Er kam öfter, um Sarada in Nilambars Haus in Belur zu besuchen. Zu jener Zeit durften keine männlichen Verehrer zu ihr. Wenn ein Verehrer kam, meldete ihn eine Magd der Mutter, und sie schickte ihm ihren Segen. Doch Nag Mahashay schlug mit seinem Kopf so hart auf den Boden, dass er blutete. Einer der Swamis versuchte, ihn davon abzuhalten, aber er schien nicht bei sich zu sein. Da machte Sarada eine Ausnahme, und Nag Mahashay durfte zu ihr hochkommen. Der Swami führte ihn wie ein Kind an der Hand hinauf. Nag Mahashay wiederholte immerfort das Wort „Mutter" und war in einer anderen Welt. Sie gab ihm *Prasad*. Als er ging, sagte er: „Mutter ist mitfühlender als Vater [Ramakrishna]."

An der Wand von Saradas Zimmers hingen einige Bilder der Schüler Ramakrishnas, darunter auch seines. Einmal beobachtete ein Anhänger, wie sie das Glas der Fotografien mit einem Tuch reinigte und die Bilder küsste.

Mahendranath Gupta – auch als M. bekannt – ist der Verfasser des berühmten Gospel of Sri Ramakrishna (Die Botschaft Sri Ramakrishnas). Er verbrachte viel Zeit mit Ramakrishna. Nachdem er einen Sohn verloren hatte, war seine Frau Nikunja Devi außer sich vor Kummer. Ramakrishna ermöglichte es ihr, dass sie einige Tage bei Sarada im Nahabat verbringen konnte.

MAHENDRA GUPTA (M.)

Als Ramakrishna gestorben war, hing er sehr an Sarada, diente ihr für den Rest seines Lebens und half ihr auch finanziell mit einem monatlichen Betrag. Sarada fühlte sich bei M. und seiner Frau sehr wohl. Als sie nach Ramakrishnas Tod auf ihre Pilgerreise aufbrach, nahm sie Nikunja mit. Später weihte sie Nikunja und M. ein. 1904 begleiteten beide Sarada auf ihrer Pilgerreise nach Puri und 1912 nach Varanasi.

DIE SWAMIS, DIE FÜR SARADA SORGTEN

Vor seinem Tod hatte Ramakrishna zu Sarada gesagt: „Warum solltest du bekümmert sein? Du wirst wie jetzt leben. Sie [die Schüler] werden auch für dich tun, was sie für mich tun."

Alle monastischen Schüler Ramakrishnas liebten und respektierten Sarada und boten ihr ihre Dienste an. Aber Yogananda und Saradananda wurden ihre besonders hingebungsvollen Diener.

Swami Brahmananda

SWAMI BRAHMANANDA

Swami Brahmananda (Rakhal) wurde der 1. Präsident des Ramakrishna-Ordens und reiste an viele Orte, wo er Leute einweihte und die jungen Mönche ausbildete. Trotzdem hatte er Sarada immer im Blick.

Sarada sagte: „Jogin [Yogananda] und Sharat [Saradananda] sind meine wirklichen Gehilfen. Rakhal [Brahmananda] ist nicht von dieser Art. Er kann nicht mit Schwierigkeiten umgehen.[1] Er kann sich geistig oder durch jemand anderen um mich kümmern. Er ist aus einem anderen Holz geschnitzt."[2]

Brahmananda verehrte Sarada aus tiefstem Herzen. Jedes Mal, wenn er sie sah, wurde er von Gefühlen überwältigt. Als „spiritueller Sohn" Ramakrishnas geriet er schnell in Ekstase, doch bei Sarada verhielt er sich wie ein Kind. Wenn er sie besuchte, verneigte er sich voller Liebe und Respekt vor ihr. Sarada berührte sein Kinn und strich ihm sanft über den Kopf oder die Brust. Er verehrte sie wie eine Göttin. Einmal sagte er: „Es ist sehr schwer, Mutter zu verstehen. Sie geht mit verhülltem Gesicht umher wie eine gewöhnliche Frau, aber in Wirklichkeit ist sie die Weltenmutter. Hätten wir sie erkannt, wenn der Meister uns nicht selbst enthüllt hätte, wer sie ist?"[3]

Und bei einer anderen Gelegenheit: „Ist es für einen gewöhnlichen Menschen möglich, die Verehrung einer Inkarnation, wie Sri Ramakrishna es war, zu akzeptieren?[4] Daran kann man sehen, was für eine große Quelle der Kraft die Mutter ist. Wir haben mit eigenen Augen gesehen, dass die Mutter die Sünden und Trübsale vieler Leute auf sich genommen und ihnen Befreiung gegeben hat. Kann jemand außer der Göttlichen Mutter diese Kraft haben? […] Innen das große Meer der Erkenntnis, außen völlig still. Wie gewöhnlich und einfach sie erscheint! Selbst die Inkarnationen können nicht ihre göttliche Stimmung kontrollieren. Sri Ramakrishna hat sie nach außen hin manifestiert. Aber es ist sehr schwierig, die Mutter zu verstehen. Sie hat uns alle mit ihrer mütterlichen Liebe getäuscht!"[5]

---

[1] Damit meinte sie die Schwierigkeiten unter den Frauen um sie und unter den Mitgliedern ihrer Familie.
[2] Chetanananda: Sri Sarada Devi, S. 261
[3] ders.
[4] Damit spielte er auf die *Shodashi*-Verehrung in Dakshineswar an.
[5] ders.

Swami Yogananda

SWAMI YOGANANDA

Wie bereits erwähnt, wurde Jogin der erste Schüler der Mutter. Er begleitete Sarada oft auf ihren Pilgerreisen. Später lebte er bei ihr in Kalkutta und erledigte ihre Besorgungen. Er agierte auch als Pförtner und nahm die Gaben für Sarada entgegen, die die Besucher mitbrachten.

Sarada sagte: „Jogin und Sharat gehören meinem inneren Kreis an. Keiner liebte mich so wie Jogin. Wenn jemand ihm Geld gab, sparte er es und sagte: ‚Die Mutter wird es auf ihrer Pilgerreise gebrauchen können.' Die anderen Mönche zogen ihn auf, weil er in diesem Haushalt mit lauter Frauen lebte."[1]

Yogananda hielt Sarada so hoch in Ehren, dass er ihre Füße nicht berührte, wenn er sich vor ihr verneigte, sondern wartete, bis sie das Zimmer verließ, und dann mit dem Kopf die Stelle berührte, wo sie gestanden hatte. Wenn man ihn auf dieses seltsame Verhalten ansprach, meinte er: „Ich besitze

---

[1] ders., S. 264

nicht die Dreistigkeit, die Mutter stehen und auf mich warten zu lassen, bis ich mich vor ihr verneigen kann."[1]

Yogananda starb bereits am 28. März 1899 mit nur 38. Als er sein Ende nahe fühlte, sagte er: „Mutter, *Brahma*, *Vishnu*, *Shiva* und Sri Ramakrishna sind gekommen, um mich mitzunehmen."[2] Da Jogin als erster der direkten Mönchsschüler Ramakrishnas gestorben war, sagte Sarada: „Ein Ziegel hat sich aus dem Bauwerk gelöst. Jetzt wird das Ganze herunterkommen."[3]

Swami Trigunatitananda

SWAMI TRIGUNATITANANDA

---

[1] ders.
[2] ders., S. 265
[3] ders.

Trigunatitanandas Liebe und Glaube an Sarada waren phänomenal. Einmal bat Yogin Ma ihn, scharfen Chili für Sarada zu kaufen. Um den schärfsten Chili zu bekommen, ging er durch viele Märkte von Baghbazar bis nach Barabazar, eine Strecke von vier Meilen, und probierte überall den schärfsten Chili, bis seine Zunge rot und geschwollen war. Schließlich fand er in Barabazar den schärfsten und brachte ihn Sarada. Als sie hörte, was er getan hatte, sagte sie: „Welche Hingabe an den Guru!"

Als Trigunatitananda später in Amerika war, schickte er ihr regelmäßig Geld für ihre Bedürfnisse.

Swami Saradananda

SWAMI SARADANANDA

Als die Schüler Ramakrishnas noch jung waren, sagte Sharat (Swami Saradananda) zu Jogin: „Ich verstehe nicht immer, was Naren (Vivekananda) meint. Er spricht über so vieles. Wenn er über etwas spricht, tut er es mit solcher Eindringlichkeit, dass alle seine anderen Aussagen praktisch bedeutungslos werden." Jogin erwiderte: „Lass mich dir etwas sagen, Sharat. Halte dich an die Mutter. Was immer sie sagt, ist richtig."[1]

Als Trigunatitananda am 27. September 1902 nach Amerika ging, übernahm Saradananda die Verantwortung für Sarada und diente ihr bis zu ihrem Tod 1920, obwohl er als Generalsekretär des Ramakrishna-Ordens vielfältige Aufgaben übernehmen musste. Er bezeichnete sich oft als Pförtner ihres Hauses in Kalkutta, kümmerte sich um Essen und Unterkunft und ihre Gesundheit, um den Haushalt, ihre Verwandten und ihre Reisen. Wenn sie sich in Jayrambati aufhielt, reiste er manchmal dorthin, um sich um sie zu kümmern, wenn sie krank war. Auch löste er die komplizierten Probleme mit ihren Familienmitgliedern. Wie ein pflichtbewusster Sohn tat er alles für sie.

---

[1] ders., S. 266

IM UDBODHAN-HAUS

SARADA IM SCHREIN DES UDBODHAN-HAUSES, 1909

Sarada hatte weder in Kalkutta noch in Jayrambati eine beständige Bleibe. In Kalkutta lebte sie entweder in einem gemieteten Haus oder bei einem Verehrer, wenn ihre Schüler kein geeignetes Haus für sie finden konnten. Sie war sehr scheu. Deshalb war es schwer für sie, Gast im Haushalt eines Verehrers zu sein. Zudem litt sie immer wieder an Malaria und konnte den Gedanken nicht ertragen, anderen zur Last zu fallen. Es war für sie unangenehm, ständig die Unterkunft zu wechseln. Saradananda erkannte das schließlich.

Im Juli 1906 schenkte Kedar Chandra Das dem Orden ein kleines Stück Land in Baghbazar zum Bau eines Verlagshauses für den „Udbodhan", die bengalische Zeitschrift des Ramakrishna-Ordens. Dort ließ Saradananda ein Backsteinhaus errichten. Im ersten Stock sollten das Büro für die Zeitschrift und der Schrein des Meisters sein und im zweiten Stock die Unterkunft für

Sarada und ihre Gefährtinnen. Das Gebäude wurde als Udbodhan-Haus bekannt. Ende 1908 zog der Verlag ein, und Sarada wohnte fortan dort, wenn sie in Kalkutta war.

Ins Udbodhan-Haus kamen viele Besucher. Aurobindo Ghosh besuchte sie an einem Sonntag 1910. Drei junge Männer, die mit der indischen Freiheitsbewegung in Verbindung standen, kamen regelmäßig und wurden später ihre Schüler. Zudem kamen Tarasundari und Tinkar, zwei berühmte Schauspielerinnen des Theaters in Kalkutta, durch Girish zur Mutter, um nur einige Beispiele zu nennen.

Sarada übte täglich die *Puja* für den Meister im Schrein vor seinem Bild aus. Sie brachte ihm Blumen, Obst, Sandelpaste und Essen dar und rezitierte Mantras. Dann verteilte sie das *Prasad*. Gegen Ende ihres Lebens übernahmen die Mönche die *Puja*.

Der Schrein war zugleich Saradas Schlaf- und Wohnzimmer. Sie hatte keine Rückzugsmöglichkeit. Deshalb ging sie immer wieder auf dem Dach spazieren. Sie besuchte selten ihre Verehrer zu Hause. Wenn sie im Ganges badete, benutzte sie die Hintertür, nicht den Haupteingang, wo Saradananda und die anderen Mönche lebten und in der Druckerei arbeiteten. Golap Ma ging dagegen überall im Haus umher. Manchmal saß Sarada am Abend allein auf dem nördlichen Balkon ihres Zimmers und wiederholte ihr Mantra.

Vor dem Udbodhan-Haus gab es einen großen Slum, dessen Bewohner aus verschiedenen Teilen Indiens stammten und durch harte körperliche Arbeit ihren Lebensunterhalt verdienten. Sarada konnte sie von diesem Balkon aus sehen. Die Slum-Bewohner liebten und respektierten sie.

Eines Tages kam eine Frau mit ihrem kranken Kind aus dem Slum ins Haus der Mutter und bat sie mit Tränen in den Augen um ihren Segen. Sarada sah das Kind eine Weile lang intensiv an und sagte dann zu der Frau: „Mein Kind, sorge dich nicht. Deinem Sohn wird es gut gehen." Sie nahm etwas Obst, brachte es dem Meister dar und gab es der Frau, indem sie sagte: „Gib deinem kranken Sohn dieses Obst." Die Frau verneigte sich dankbar. Bald darauf wurde ihr Sohn wieder gesund.

Als Sarada einmal auf ihrem Balkon saß und ihr Mantra wiederholte, hörte sie, wie ein Mann seine Frau beschimpfte und schlug. Die Frau hatte ihr Kind auf dem Schoß und fiel mit ihm von der Veranda in den Hof. Trotzdem schlug der Mann sie immer noch. Da konnte es Sarada nicht mehr ertragen. Obwohl sie sehr scheu war und normalerweise nur leise sprach, stand sie jetzt am Balkongeländer und schrie mit scharfer Stimme: „Du Schuft! Willst du das Mädchen töten? Ich fürchte, sie ist bereits tot!" Kaum hatte der Mann zu Sarada hochgesehen, wurde er still, ließ von seiner Frau ab, beugte sein Haupt und ging ins Zimmer zurück. Das Mitleid Saradas brachte die Frau zum Weinen, und sie sah dankbar zu ihr hinauf. Kurz darauf erfuhr Sarada den Grund. Die Frau hatte das Essen nicht rechtzeitig auf den Tisch gebracht. Schließlich kam der Mann heraus und tröstete seine Frau. Als Sarada das sah, kehrte sie in ihr Zimmer zurück.

Von diesem Balkon aus bekam Sarada vieles mit. Im Slum gab es auch einige Freudenhäuser. Sarajubala Sen erinnert sich: „Die Mutter war auf dem Balkon und lachte. Sie rief mich: ,Oh, meine Tochter, komm her, schnell.' Sobald ich zu ihr gekommen war, sagte sie: ,Sieh, sieh, der Mann schaut durch die Fenster des Hauses einer Prostituierten. Er rennt von Fenster zu Fenster, aber er kann nicht hinein. Sieh, welche Vernarrtheit! Was für ein tierischer Instinkt! Der arme Kerl hört Musik von drinnen, aber er kann nicht hinein. Ach, er stirbt fast vor Aufregung und Unruhe.' Durch die Art, wie die Mutter den Zustand des Mannes beschrieb, konnte ich mir das Lachen nicht verkneifen. Wir beide lachten und lachten und gingen dann in ihr Zimmer zurück. Ich sagte: ,Mutter, es wäre wundervoll, wenn ein Mensch diese Art von Eifer und Unruhe für Gott entwickeln könnte.'"[1]

Am nächsten Tag traf Sarajubala die Mutter wieder auf ihrem Balkon an. Sie wiederholte ihr Mantra. Sarada bat sie, sich zu setzen. Dann beendete sie ihr *Japa* und berührte die Gebetsschnur mit der Stirn. Sie zeigte auf das Slum und sagte: „Sieh, diese Leute arbeiten den ganzen Tag sehr hart für ihren Lebensunterhalt, und jetzt erholen sie sich mit ihren Familien. Gesegnet sind die Armen im Geist!"

Sarajubala meinte: „Das erinnert mich daran, was ich in der Bibel gelesen habe, Jesus' Worte: ,Gesegnet sind die Armen im Geist, denn ihnen gehört das Himmelreich.' Heute habe ich dieselben Worte aus dem Mund der Mutter gehört."[2]

---

[1] Chetanananda: Sri Sarada Devi, S. 574
[2] ders.

Obwohl Sarada nun im Udbodhan-Haus in Kalkutta eine bleibende Unterkunft gefunden hatte, wohnte sie weiterhin zeitweise in Jayrambati. Auch dort besuchten sie viele Verehrer. Das brachte den Dorfbewohnern zusätzliche Einkünfte durch den Verkauf von Obst, Gemüse, Fisch, Milch und anderen Artikeln. Sarada fühlte sich oft vom Leben in Kalkutta eingeengt und ging dann nach Jayrambati, um sich zu erholen. Dort konnte sie sich unter den Dorfbewohnern, die sie von Kindheit an kannte und liebte, frei bewegen. Zudem fühlte sie sich für die Familien ihrer Brüder verantwortlich.

WEITERE PILGERREISEN

Von Saradas erster Pilgerreise nach Ramakrishnas Tod wurde bereits berichtet. Ihre weiteren Pilgerreisen führten sie von Haridwar im Norden am Fuß des Himalaja bis nach Rameswaram im Süden an die Küste des Indischen Ozeans, von Rajasthans Lake Pushkar im Westen bis nach Puri im Osten an die Bucht von Bengalen. Sie reiste durch Andhra Pradesh, Bihar, Karnataka, Orissa, Rajasthan, Tamil Nadu, Uttar Pradesh und Westbengalen.

Im Dezember 1910 reiste sie für eine Luftveränderung mit Golap Ma, Radhu, Surabala, Atmananda, Dhirananda, Ashu, und anderen mit dem Zug nach Kothar in Orissa, da es ihr gesundheitlich nicht gut ging. Dort besaß die Familie von Balaram ein großes Haus. Sarada blieb 66 Tage dort. Sie konnte sich in Kothar so frei bewegen wie in Jayrambati. Bald ging es ihr wieder besser.

Im Februar 1911 reiste die Gruppe mit dem Zug nach Madras in den Süden. Dort wurden sie von Swami Ramakrishnananda, der dem Math in Madras führte, mit dem Auto abgeholt. Es war das erste Mal, dass sie in einem Auto fuhr. Für sie und die Reisegruppe war ein zweistöckiges Haus gegenüber dem Math in Madras gemietet worden. Dort blieb Sarada fast einen Monat. Viele Leute besuchten sie, und sie weihte viele Verehrer ein. Fast jeden Nachmittag arrangierte Ramakrishnananda für sie Ausflüge mit der Kutsche zu interessanten Orten.

Im März 1911 reiste Saradas Gruppe in Begleitung von Ramakrishnananda mit dem Zug nach Madurai und besuchte den dortigen Meenakshi-Tempel, dann hinunter nach Rameswaram.

Einige Verehrer in Bangalore wollten, dass Sarada auf ihrer Südindienreise auch zu ihnen käme. Swami Nirmalananda, der Präsident des Bangalore Math, brachte sie am 24. März dorthin. Sie berichtete von ihrem dortigen Empfang: „Was für eine große Menge hatte sich in Bangalore versammelt! Sobald ich aus dem Zug stieg, regnete es den ganzen Weg bis zum Ashram unaufhörlich Blumen. Schließlich war die Straße voller Blumen."[1]

---

[1] Chetanananda: Sri Sarada Devi, S. 349

SWAMI RAMAKRISHNANANDA

Als der Wagen den Ashram von Bangalore erreichte, warteten Hunderte Menschen auf sie. Obwohl Saradas Anwesenheit nicht öffentlich bekannt gemacht wurde, kamen viele, um sie zu sehen und ihren Segen zu erhalten. Sarada blieb jedoch nur drei Tage und kehrte am 28. März mit ihrer Gruppe nach Madras zurück. Am 1. April 1911 ging es mit dem Zug weiter nach Puri.

Während der Reise hatte Ramakrishnananda gesundheitliche Schwierigkeiten. Deswegen übernahm Nirmalananda die Verantwortung für die Reisegruppe. Sie verbrachten eine Woche in Puri und reisten von dort nach Kalkutta zurück. Sarada sagte: „Schließlich haben sich die Worte des Meisters erfüllt. Ich habe Orte gesehen wie Madras, Rameswaram und Bangalore, wohin er nicht gekommen ist."[1]

---

[1] ders., S. 355

SWAMI NIRMALANANDA, 1900

Einige Monate nach ihrer Rückkehr starben Schwester Nivedita und Swami Ramakrishnananda und bald darauf auch Girish Ghosh. Nach diesen schmerzlichen Todesfällen wollte Sarada nach Varanasi pilgern. Im November kam sie mit einer größeren Pilgergruppe dort an und wurde im dortigen Ashram von Swami Brahmananda und den anderen Mönchen empfangen. Sie hatte eine Kutsche zur Verfügung, um alle Orte zu besuchen, die sie sehen wollte, und blieb fast drei Monate dort.

DER BELUR MATH

DER BELUR MATH IN DEN 1940ERN, WESTSEITE

Um die Rolle, die Sarada Devi im Ramakrishna Math und der Ramakrishna Mission spielte, zu verstehen, sind einige Hintergrundinformationen hilfreich. Ramakrishna hatte die Grundlage für den Orden in seiner letzten Lebenszeit im Gartenhaus von Cossipore gelegt, indem er seinen künftigen Mönchen das ockerfarbene Mönchsgewand gab und sie bat, für ihr Essen betteln zu gehen, wie es der alten Mönchssitte entsprach.

Ramakrishna war am 16. August 1886 gestorben. Die jungen Schüler mussten danach nach Hause zurückkehren, weil das Haus in Cossipore aufgegeben wurde. Einige hatten jedoch keinen Ort, wohin sie zurückkehren konnten. Da beschloss Surendra Mitra, ein verheirateter Schüler Ramakrishnas, ein Haus für sie zu mieten und die Kosten dafür zu tragen. So entstand der erste Math in Baranagore. Später zog der Math nach Alambazar um, dann in Nilambur Mukherjees Haus in Belur, und schließlich entstand der Belur Math, der in der Folge der Hauptsitz des Ordens und der Mission wurde.

Die Mönche luden Sarada am 12. November 1898 in den Belur Math ein, um die neue Hauptniederlassung zu segnen. Sie fuhr mit dem Boot hinüber. Zu dieser Zeit war das Gebäude des Math noch nicht fertig, und die Mönche lebten noch in Nilambar Basus Gartenhaus. Sarada sah vom neuen Math aus

Dakshineswar am anderen Ufer des Ganges und meinte: „Das ist ein schöner Ort. Von hier aus kann man an Dakshineswar denken.“[1]

DER BELUR MATH VOM GANGES AUS

Nachdem Sarada den neuen Math gesegnet hatte, erfolgte am 9. Dezember 1898 die Einweihung durch Swami Vivekananda. Die sterblichen Überreste Ramakrishnas wurden in den Belur Math gebracht. Am 2. Januar 1899 zogen die Mönche ein. Sarada war erleichtert, dass sie nun eine beständige Heimat hatten.

Die örtlichen orthodoxen Hindus in Belur waren nicht so erfreut über den neuen Math. Sie kritisierten, dass Vivekananda den Math im westlichen Stil errichtet hatte und die traditionellen Hindu-Sitten und Essensvorschriften nicht beachtet wurden. Vivekananda schenkte dem keine Beachtung und meinte nur: „Es ist ein Naturgesetz, dass die alten orthodoxen Gruppen Einwände erheben, wenn eine neue Idee in der Gesellschaft entsteht. Alle Pioniere der Weltreligionen mussten diesen Test bestehen. Ohne Verfolgung kann keine große Idee die Gesellschaft durchdringen. Arbeitet ohne jedes Motiv. Eines Tages werdet ihr das Ergebnis ernten.“[2]

---

[1] Chetanananda: Sri Sarada Devi, S. 375
[2] ders., S. 376

Als Sarada von ihrer Pilgerreise zurückgekehrt war, besuchte sie erneut den Belur Math und wurde mit viel Festlichkeit empfangen. Sie kam immer wieder in den Math, vor allem zu den religiösen Festen.

Normalerweise weihte Sarada die Verehrer nur in ein Mantra ein und gab ihnen eventuell eine kurze Unterweisung. Doch es kam auch vor, dass sie Schüler in *Sannyasa* einweihte, obwohl das normalerweise die Aufgabe der Mönche war. So weihte sie 1907 Jiten, Khagen und Tarun als Mönche ein. Sie wollten danach als Wandermönche zu Fuß in den Himalaja oder nach Rameswaram pilgern, doch Sarada schickte sie in den Ashram nach Varanasi, um unter Swami Shivanandas Leitung zu leben. Er gab ihnen auch ihre Möchsnamen. Sie hießen in der Folge Vishuddhananda, Shantananda und Girijananda.

Sarada weihte auch zwei westliche Männer ein – Charles Johnston aus New York (Brahmachari Amritananda) und Cornelius J. Heijnblom (Swami A-tulananda).

Kurz vor ihrem Tod gab Sarada einem jungen Mann namens Manasa das ockerfarbene Gewand. Sie weihte auch noch einige andere Mönche ein. Doch bevor sie dies tat, zog sie stets Erkundigungen ein, ob ihre Familien ohne die finanzielle Hilfe ihrer Söhne bestehen konnten. Sie gab ihnen das ockerfarbene Gewand, bat sie dann aber, sich von einem Mönch formell einweihen zu lassen und ihre Namen zu erhalten. Auch verweigerte sie manchmal die Einweihung.

Einmal kam ein junger verheirateter Mann, der seine Frau und Kinder zu seinen Schwiegereltern schicken und Mönch werden wollte. Seine Frau schrieb an Sarada einen verzweifelten Brief. Sarada sagte zu ihm: „Sieh her, das ist eine himmelschreiende Ungerechtigkeit! Wohin wird dieses unglückliche Mädchen mit ihren Kindern gehen? Wenn du ein Mönch sein willst, warum hast du dann geheiratet und hast Kinder? Wenn du ein Mönch sein willst, solltest du dich zuerst um ihre Nahrung und Unterkunft kümmern."[1]

Wie Ramakrishna nahm auch Sarada deutlich wahr, ob jemand für die Ehe oder für ein eheloses Leben bestimmt war. So konnte sie dem einen sagen: „Das Leben als Familienvater ist sehr schmerzlich und voller Probleme. Wenn du heiratest, kannst du nicht ungestört schlafen." Zu einem anderen

---

[1] ders., S. 410

sagte sie: „Ich kann dir nicht meine Meinung sagen, ob du heiraten sollst. Wenn du irgendeine Schwierigkeit nach der Hochzeit hast, wirst du sagen: ‚Mutter, du hast mir die Erlaubnis gegeben zu heiraten.'" Ein andermal sagte ein Verehrer zu ihr: „Mutter, ich werde nicht heiraten." Daraufhin meinte sie lächelnd: „Warum nicht? In dieser Welt gibt es alles paarweise, wie zwei Augen, zwei Ohren, zwei Hände, zwei Füße und auch *Purusha* und *Prakriti* – das Männliche und das Weibliche."[1] Dieser Verehrer heiratete später.

Auch wollte sie nicht, wenn ein Mönch zu sehr an ihr hing. Ashu, einer ihrer jungen Gehilfen, sagte einmal zu einem Mönch, dass er die Gesellschaft der Mutter vermisse. Als Sarada davon hörte, sagte sie: „Wie seltsam! Ein *Sannyasin* muss alle Bindungen der *Maya* abschneiden. Eine goldene Kette ist so gut wie eine Stahlkette. Ein *Sannyasin* darf sich in keine Form der *Maya* verstricken. Warum sollte er beständig jammern: ‚Oh, ich bin der Liebe der Mutter beraubt!' Was für eine Vorstellung! Ich mag nicht, wenn ein Mann ständig an mir hängt."[2]

Sarada bestand immer darauf, dass ein Mönch seine Gelübde und Regeln einhalten musste. Als ihr Bruder Prasanna sie fragte, ob ein junger *Brahmachari*[3] der Hochzeit mit seiner zweiten Frau beiwohnen dürfe, sagte sie: „Nein, er ist ein Mönch." Am nächsten Tag erlaubte sie ihren mönchischen Gehilfen nicht einmal, den süßen Quark von der Zeremonie zu essen. Obwohl sie von Verheirateten umgeben war, schützte sie die Mönche vor weltlichen Einflüssen. Sie hatte großen Respekt vor ihren monastischen Schülern.

Die *Brahmacharis* Barada und Hari waren Schüler der Mutter, die alle Arten von Besorgungen für sie und ihre Nichte Radhu erledigten und ihr persönliche Dienste leisteten. Sie weihte sie zwar in *Brahmacharya* ein, gab ihnen aber nicht das ockerfarbene Gewand. Sie begründete es folgendermaßen: „Kann ich euch noch alle diese Dinge auftragen, wenn ihr das ockerfarbene Gewand tragt? Ich würde zögern, selbst wenn ihr meine Füße berühren würdet." Da ihre monastischen Gelübde sich verzögerten, tröstete die Mutter sie, indem sie sagte: „Sorgt euch nicht. Später wird sich Sharat

---

[1] ders., S. 407 f.
[2] ders., S. 410
[3] *Brahmachari* meint hier eine Art Novize, der noch nicht Mönch ist.

125

(Saradananda) um euer *Sannyasa* kümmern."[1] Nach ihrem Tod erhielten die beiden 1921 von Swami Brahmananda die Mönchsweihe und wurden zu Swami Ishanananda und Swami Haripremananda.

SWAMI ISHANANANDA (BARADA)

Wie Sarada einige junge Männer ermutigte, Mönche zu werden, so tat sie es auch bei einigen jungen Frauen. Als Narayan Iyengers Tochter das Gelübde des *Brahmacharya* ablegen wollte, bat Sarada Swami Saradananda, den Vater des Mädchens, um seine Zustimmung zu bitten. Ein andermal weigerte sich die Tochter eines Verehrers zu heiraten. Die Mutter des Mädchens bat Sarada, sie umzustimmen, doch Sarada erwiderte: „Welches Elend ist es, das ganze Leben lang der Sklave eines Mannes und ihm immer gefällig zu sein!" Dann erklärte sie, dass es zwar einige Schwierigkeiten geben könnte, wenn ein Mädchen ein unverheiratetes Leben führen wollte, aber es sei ungerecht, sie gegen ihren Willen in die Ehe zu zwingen.

---

[1] ders., S. 411

Sarada nannte die Mönche bei ihren vormonastischen Namen: Naren, Rakhal, Jogin usw. Wenn sie nach dem Grund gefragt wurde, sagte sie: „Ich bin eine Mutter. Es verletzt mich, sie bei ihren Mönchsnamen zu nennen." Einmal fragte sie Swami Visweswarananda: „Mutter, als was betrachtest du uns?" Sie erwiderte: „Ich betrachte euch als *Narayana*." Er entgegnete: „Mutter, wir sind deine Söhne. Wenn du uns als *Narayana* betrachtest, kannst du uns nicht länger als deine Söhne ansehen." Die Mutter erwiderte: „Ich betrachte euch als *Narayana* und als meine Söhne." Man sieht hier, wie der menschliche und der göttliche Aspekt bei ihr ineinandergingen.

Die Ramakrishna Mission war bekannt für ihre sozialen Aktivitäten im Bildungsbereich, aber auch bei Naturkatastrophen. Sarada ermutigte solche Aktivitäten. Die Mönche fragten sie stets um Rat. Vivekananda nannte sie „*Sangha-Janani*" – die Mutter des Ordens. Sie unterstützte den Orden und die Mission immer und wies die Richtung.

Im Dezember 1916 beschuldigte Lord Carmichael, der Gouverneur von Bengalen, die Ramakrishna Mission, politischen Revolutionären unter dem Mantel ihrer sozialen Aktivitäten Unterschlupf zu bieten. Er glaubte, dass einige Revolutionäre von Vivekanandas Büchern inspiriert worden seien und die Freiheitsbewegung unterstützten. Diese Bemerkung des Gouverneurs schuf große Unruhe unter den Mönchen und den Leuten. Einige, die die Mission unterstützten, meinten, Saradananda müsse die Mönche mit einem revolutionären Hintergrund aus dem Orden entfernen.

Saradananda war sehr besorgt und wandte sich an Sarada. Er berichtete: „Ich ging zur Heiligen Mutter und informierte sie über die ganze Situation. Sie hörte mir still zu und sagte dann mit Bestimmtheit: ,Meine Güte! Was ist der Anlass? Der Meister war die Verkörperung der Wahrheit. Diese Jungen haben beim Meister Zuflucht genommen, seine Vorstellungen umarmt und sind Mönche geworden, wobei sie ihren Familien entsagt haben. Sie haben auf persönlichen weltlichen Genuss verzichtet und ihr Leben in den Dienst des Landes und der leidenden Menschen gestellt. Mein Sohn, warum sollten sie das vortäuschen? Du gehst besser zum Gouverneur und triffst dich mit ihm. Er ist ein Repräsentant des Königs. Wenn du ihm die Aktivitäten der Ramakrishna Mission erklärst, wird er dir bestimmt zuhören."[1] Saradananda

---

[1] ders., S. 416

folgte dem Rat der Mutter und konnte den Gouverneur von den lauteren Absichten des Ordens und der Mission überzeugen.

Ende 1918 herrschte in Orissa eine große Hungersnot. Saradananda ging nach Puri, um die Hilfe, die die Ramakrishna Mission dort leistete, zu überwachen. Er schrieb einen langen Brief an Sarada, in dem er die Nöte der Menschen beschrieb und sie bat, zum Meister zu beten. Als ihr der Brief vorgelesen wurde, weinte sie über das Elend und pries Saradanandas unerschöpflichen Einsatz.

Alle kamen zu Sarada, wenn sie in Schwierigkeiten steckten, wie man zu seiner Mutter geht. Der junge Nagen (Brahmachari Aksharchaitanya) hatte etwas Dummes getan. Die anderen Mönche sagten zu ihm, dass Swami Shivananda ihn aus dem Kloster werfen würde. Erschrocken verließ er das Kloster, ohne jemandem Bescheid zu sagen, und ging barfuß nach Jayrambati zur Mutter. Als er dort mit dreckiger Kleidung und abgezehrt ankam, erkannte in ihm niemand einen *Brahmachari* aus dem Belur Math. Sarada bat ihn zu baden und gab ihm frische Kleidung und zu essen. Nachdem sie seine Geschichte gehört hatte, diktierte sie einen Brief an Shivananda. „Mein lieber Sohn Tarak, welches Vergehen hat der junge Nagen begangen? Da er Angst hat, dass du ihn aus dem Kloster werfen wirst, ist er den ganzen Weg zu Fuß zu mir gekommen. Mein Sohn, schenkt eine Mutter dem Vergehen ihres Kindes Beachtung? Bitte geh nicht gegen ihn vor."[1] Sie behielt Nagen bei sich, bis die Antwort kam, dass er keine Folgen zu befürchten hatte. Als Nagen in den Belur Math zurückkam, umarmte Shivananda ihn und sagte: „Mein Junge, du bist vor das Hohe Gericht gegangen, um dich über mich zu beschweren."[2]

---

[1] ders., S. 413
[2] ders., S. 414

Saradas Onkel

Von ihren beiden Onkeln Trailokya und Ishwar ist wenig bekannt. Ihr jüngster Onkel Nilmadhav war unverheiratet geblieben und arbeitete für eine wohlhabende Familie in Kalkutta als Koch. Im Alter ließ er sich in Jayrambati nieder. Da sich kein anderer Verwandter um ihn kümmerte, übernahm Sarada diese Aufgabe. Sie mochte Nilmadhav sehr und behandelte ihn wie ihren eigenen Vater. Wenn Verehrer ihr besondere Früchte brachten, gab sie diese ihrem Onkel. Wenn die anderen dagegen protestierten, meinte sie: „Mein Onkel hat nur noch eine kurze Zeit zu leben. Lasst ihn all seine Wünsche erfüllen. Wir werden noch lange leben und viele Gelegenheiten haben, diese Dinge zu genießen."

Nilmadhav litt immer wieder an Asthma. Im März 1905 wurde er bettlägerig. Ashu und eine Verehrerin pflegten ihn. An seinem letzten Tag eilte Sarada zu ihrem Onkel, nachdem sie ihre Andacht beendet hatte. Sie wollte bei ihm bleiben und weigerte sich, zu Mittag zu essen. Ashu sagte, dass der Tod nicht direkt bevorstünde, und überredete sie, ihre Mahlzeit einzunehmen. Sarada beeilte sich mit dem Essen und kehrte sofort zu ihrem Onkel zurück. Da sah sie die Traurigkeit in den Gesichtern der anderen. „Lebt er nicht mehr?", fragte sie. Alle schwiegen. Mit erschütterter Stimme sagte sie: „Warum habt ihr mich weggeschickt, damit ich dieses Zeugs esse? Ich konnte ihn in seinen letzten Augenblicken nicht sehen." Sie weinte laut, als habe sie ihren Vater verloren. Dann ging sie in den Schrein und holte zwei Blumen, die dem Meister dargebracht worden waren, legte sie auf den Kopf und die Brust ihres Onkels und wiederholte ein Mantra für den Frieden seiner Seele. Nilmadhavs Körper wurde zum Kashi Mitra-Ghat am Gangesufer gebracht und dort verbrannt.[1]

Saradas Brüder

Sarada hatte nicht viel Glück mit ihrer Familie. Ihre Brüder Prasanna, Kalikumar und Barada waren selbstsüchtig. Ihre Schwägerinnen waren aufeinander eifersüchtig und ihre Nichten fordernd und exzentrisch. Sarada war die älteste von fünf Brüdern und einer Schwester. Ihre Schwester Kadambini

---

[1] s. Chetanananda: Sri Sarada Devi, S. 285

war kurz nach ihrer Hochzeit gestorben und hinterließ keine Nachkommen. Ihr Bruder Umesh war mit achtzehn unverheiratet gestorben und Abhay nach seinem Medizinstudium. Er hinterließ seine Frau Surabala und seine Tochter Radhu.

Prasanna und Barada verbrachten die meiste Zeit in Kalkutta, wo sie in verschiedenen Häusern die Riten ausführten und dadurch ihre Familien unterhielten. Prasanna heiratete Rampriya und hatte zwei Töchter mit ihr – Nalini und Sushali (auch als Maku bekannt). Als Rampriya 1905 starb, heiratete er Subasini, die ihm drei Kinder gebar – Kamala, Bimala und Ganapati. Nalini und Maku wurden später verheiratet, waren aber unglücklich, da sie von ihren verantwortungslosen Ehemännern und ihrer Stiefmutter schikaniert wurden. Deshalb lebten sie meistens bei Sarada. Barada heiratete Indumati. Sie hatten zwei Söhne – Kshudiram und Vijaykrishna.

Kalikumar lebte in Jayrambati und verdiente seinen Lebensunterhalt mit priesterlichen Tätigkeiten und dem Ackerbau. Er heiratete Subodhbala und hatte zwei Jungen – Bhudev und Radharam. Immer wieder bettelte er bei Sarada um Geld und wollte alle Familienangelegenheiten bestimmen.

Saradas Schwägerinnen waren alle jünger als sie. Sie unterwies sie in ihren Haushaltspflichten und im Kochen. Weder Ramakrishnas noch Saradas Verwandte erkannten ihren geistigen Zustand. Ihre Brüder betrachteten sie einfach als Schwester, und für deren Kinder war sie nur die Tante. Sie musste viele Familienstreitigkeiten ertragen.

Sarada lebte in einer Hütte, die auf dem Teil von Prasannas Land lag. Obwohl sie die meisten Kosten für den Haushalt trug, fühlte sie sich dort nicht recht wohl. Als die Anzahl ihrer Verehrer zunahm, wurde es schwierig, sie zu beherbergen. Zudem brauchte sie Freiheit, um ihre spirituelle Mission auszuführen. Schließlich meinte ihr Bruder, es sei nicht möglich, dass sie weiter in dieser Hütte wohne. Sie solle sich eine andere Unterkunft suchen.

1915 kauften ihre Brüder ein Stück Land für sie, auf dem einige Hütten gebaut wurden. Die Kosten betrugen 1.900 Rupien, wovon Mahendra Gupta 500 Rupien bezahlte und Saradananda das restliche Geld sammelte. Sarada und ihre Nichte Radhu zogen in das Hauptgebäude, der auch als Schrein benutzt wurde. Dort weihte sie später viele Schüler ein. In der angrenzenden Hütte befand sich die Küche, und in der gegenüberliegenden Hütte wohnte ihre Nichte Nalini. Eine weitere Hütte war für die Mönche und männlichen Verehrer gedacht.

DAS NEUE HAUS VON SARADA DEVI
IN JAYRAMBATI

Wikimedia Commons, Foto: Alan Perry, 2002

Eines Tages im Dezember 1918 saß Sarada auf der Veranda ihres Hauses in Jayrambati. Plötzlich begannen Kalikumar und Barada über einen Zaun zu streiten, den Kalikumar aufgestellt hatte. Dieser Zaun bildete ein Hindernis, um den Reis zu Baradas Hof zu transportieren. Sie waren kurz davor, sich zu prügeln, als Sarada sich dazwischenwarf, jeden bei der Hand fasste und sie wegen des Streits rügte. In dem Tumult fiel ihr Schleier ab, was sie nicht bemerkte. Als einige Mönche herbeieilten, gingen die Brüder in ihre jeweiligen Häuser zurück, wobei sie einander verfluchten. Sarada kehrte auf ihre Veranda zurück und brach plötzlich in Lachen aus. „Was für eine Illusion *Mahamaya*, die große Zauberin, doch hervorgebracht hat!", rief sie aus. „Diese Welt ist vergänglich, und was man als seinen Besitz beansprucht, wird man beim Tod zurücklassen. Trotzdem können die Menschen diese einfache Wahrheit nicht verstehen."[1]

Wenn Sarada in Kalkutta war, schrieben ihre Brüder ihr Briefe über ihre Wünsche. Ihre Schüler lasen sie ihr vor, und sie diktierte ihnen die Antworten. Einmal sagte ein Schüler zu ihr: „Mutter, bitte gib ihnen viel Geld. Bitte den Meister darum. Sie sollen ihr Vergnügen nach Herzenslust ausleben. Danach werden sie Entsagung entwickeln." Sarada erwiderte: „Werden sie jemals entsagen? Sie werden nie zufrieden sein. Sind weltliche Leute jemals zufrieden? Meine Brüder erzählen mir nur ihr Leid. Kali [Kalikumar] fordert immer Geld. Prasanna ahmt ihn jetzt nach. Nur Barada stellt kaum Forderungen. Er sagt: ,Woher kann meine Schwester Geld bekommen?'"

Ein andermal sagte sie über ihre Brüder: „Sie denken nur ans Geld. Sie fordern nur: ,Gib uns Geld, gib uns Geld!' Nicht einmal unbewusst haben sie jemals um Erkenntnis und Hingabe gebeten. Nun gut, sollen sie haben, was sie wollen."[2]

Trotz ihrer Habsucht erkannten ihre Brüder manchmal für einen kurzen Augenblick das wahre Wesen ihrer Schwester. So war Kalikumar ein Unruhestifter, selbstsüchtig und habgierig. Trotzdem half er ihr, wenn sie ihn brauchte. Nalini, Maku, Radhu und deren Mutter fürchteten ihn. Deshalb sagte Sarada immer zu ihnen, wenn sie sich ungehörig benahmen: „Ich rufe sofort Kali", und alle wurden still.

Kalikumar war sehr auf die strengen Kastenregeln bedacht, die im Dorf herrschten. So durfte ein Brahmane nichts essen, was von einem Nicht-Brahmanen gekocht worden war. Im Haushalt von Sarada halfen aber manchmal auch die *Brahmacharis* Barada und Hari in der Küche, die keine Brahmanen waren. Sarada war besorgt, dass Kalikumar deswegen Schwierigkeiten machen könnte. Deshalb lud sie ihn immer wieder zum Essen ein, damit er nichts gegen ihren Haushalt sagte. Prasanna und Barada waren diesbezüglich nicht ganz so engstirnig.

1919 hatten Verehrer aus Ranchi zwei Marmorsteine mitgebracht, um an der Geburtsstätte Saradas den Grundstein für einen Tempel zu legen. Das Stück Land war das gemeinsame Eigentum der drei Brüder und konnte ohne ihre

---

[1] ders., S. 322
[2] ders.

Zustimmung nicht für Sarada genutzt werden. Kalikumar erhob gegen das Projekt zunächst Einwände, änderte dann jedoch seine Meinung. Die Brüder kamen schließlich mit Swami Saradananda überein und verkauften ihm das Land.

DER TEMPEL DER MUTTER IN JAYRAMBATI, 1923

Später wurde an dieser Stelle ein Tempel erbaut, der am 19. April 1923, drei Jahre nach Saradas Tod, von Swami Saradananda eingeweiht wurde.

Saradas Nichten

Saradas Haushalt in Jayrambati umfasste ihre drei Nichten Radhu, Nalini und Maku, ihre Schwägerin Surabala und zuletzt auch die Kinder der Nichten. Nur Nalini hatte keine Kinder. Auch ihr Mann Pramatha Nath Bhatta-charya lebte zeitweise bei Sarada. Doch diese Ehe war nicht glücklich. Nalini wurde von der Familie ihres Mannes schlecht behandelt, und ihr

Mann hing wegen finanzieller Probleme völlig von seiner Familie ab. Als Pramatha eines Abends mit dem Ochsenkarren nach Jayrambati kam, um Nalini mit nach Hause zu nehmen, schloss sie die Tür, sobald sie ihn sah, und drohte, sich umzubringen, wenn sie gezwungen werden würde, mit ihm zu gehen. Sarada wachte fast die ganze Nacht mit einer Laterne vor ihrer Tür. Nalini öffnete erst, als Sarada ihr versprach, dass sie bleiben durfte.

UDBODHAN-HAUS, 1909

Von links nach rechts: Durga, Radhu, Sarada Devi, Maku, Kusum und Haris Mutter

Nalini und ihre Tante Surabala waren aufeinander eifersüchtig und stritten sich oft um Kleinigkeiten. Sarada blieb immer gelassen und beruhigte die Familienmitglieder. Manchmal fragte sie Nalini in Haushaltsangelegenheiten um Rat, um ihr das Gefühl von Bedeutsamkeit zu geben. Sie sagte über ihre Nichten: „Ich respektiere die Ansichten dieser Mädchen. Ich bleibe unparteiisch und beobachte, was sie tun, damit sie es nicht übertreiben. Man sollte demütig sein und allen eine gewisse Freiheit einräumen."

Nalinis Schwester Maku war ebenfalls unglücklich und rastlos. Sie war sehr jung verheiratet worden, und ihr Mann war arm. Sein mageres Einkommen reichte nicht für die Familie. Maku und ihr Sohn Neda lebten die meiste Zeit bei Sarada. Als der dreijährige Neda starb, trauerte Sarada sehr. Als jemand sie weinen sah und fragte: „Mutter, warum weinst du wie eine gewöhnliche Person über den Tod dieses Kindes?", antwortete sie: „Ich lebe in einer Familie. Ich muss die Frucht vom Baum der Welt kosten. Deshalb weine ich. Der Meister hat einmal gesagt: ‚Wenn Gott sich in einem menschlichen Körper inkarniert, handelt er genau wie ein Mensch. Er spürt Hunger, Durst, Krankheit, Kummer und Angst wie die anderen. Selbst *Brahman* weint, wenn er in die Falle der fünf Sinne tappt.‘"[1]

SARADA MIT MAKU UND DEREN SOHN NEDA, 1918

Sarada handelte in ihrer Großfamilie wie eine Mutter. Ihre Schwägerinnen Subasini und Idumati, sprachen sie mit „Mutter" an. Sie liebte alle Schwägerinnen und half ihnen. Im Laufe der Zeit weihte sie sechs Familienmitglieder ein: Subasini, Maku, Radhu und ihren Mann, Manmatha, Bhudev (einen Sohn von Kalikumar) und dessen Frau Elokeshi.

---

[1] ders., S. 329

SARADA MIT RADHU, 1912

Sarada mochte ihren jüngsten Bruder Abhay sehr, der sich mit den Schülern Ramakrishnas angefreundet hatte. Swami Vivekananda meinte: „Ich wusste nicht, dass die Mutter solch einen intelligenten Bruder hat. Ihre anderen Brüder waren bloß Priester, praktisch ungebildet, und baten immer um ihr Priestergehalt."[1] Prasanna und Barada, lebten in einem Mietshaus in Kalkutta und übten in privaten Häusern die spirituellen Riten aus. Aber Abhay studierte Medizin. Doch kurz nachdem er seinen Abschluss gemacht hatte, erkrankte er an der Cholera. Sarada besuchte ihn, setzte sich neben ihn, hielt seinen Kopf in ihrem Schoß und streichelte seine Haare. Er starb am 2. August 1899.

Abhays Frau Surabala war zu dieser Zeit schwanger und lebte bei ihrem Vater. Sie war eine unglückliche Frau und geistig sehr unausgeglichen.

---

[1] Chetanananda: Sri Sarada Devi, S. 277

Schon sehr jung hatte sie ihre Mutter verloren, jetzt ihren Mann, und kurz darauf starben auch ihre Großmutter und ihre Tante. Im Oktober 1899 ging Sarada nach Jayrambati und nahm Surabala mit. Am 29. Januar 1900 gebar Surabala ein Mädchen, Radharani, auch Radhu oder Radhi genannt. Die Aufgabe, sich um Radhu zu kümmern, fiel Sarada zu, da Surabala wegen ihrer geistigen Verwirrung nicht dazu in der Lage war. Eine Frau namens Kusum kam von Varanasi zu Besuch und blieb fünf Monate in Jayrambati, um Sarada mit dem Kind zu helfen.

Solange Ramakrishna gelebt hatte, war sie damit beschäftigt, ihm auf jede Weise zu dienen. Nach seinem Tod fehlte ihr diese Aufgabe, und sie fragte sich, warum sie weiterleben sollte.

Sarada berichtete: „Als der Meister gestorben war, spürte ich, dass mein Leben leer war. Ich betete zum Meister und fragte, warum ich meinen Körper behalten sollte. Plötzlich sah ich in einer Vision ein Mädchen von 10 oder 12. Sie trug ein rotes Gewand und ging vor mir her. Sofort erschien der Meister, zeigte auf das Mädchen und sagte: ‚Nimm sie als Unterstützung und lebe. Viele spirituelle Sucher werden zu dir kommen.' Im nächsten Moment verschwanden er und das Mädchen.

Ein andermal saß ich auf der gleichen Stelle, als ich Surabala sah, die damals völlig verrückt war. Sie schleppte einige Baumwollschals und Saris unter ihrem Arm auf die andere Seite des Innenhofs. Hinter ihr kroch Radhu und schrie. Ich erschauderte, und mein Herz wurde von einem quälenden Schmerz durchdrungen. Ich rannte zu Radhu und hielt sie in meinen Armen. Ich dachte: ‚Ach, wer wird sich um das arme Ding kümmern, wenn ich es nicht tue? Ihr Vater ist tot und ihre Mutter geisteskrank.' Sofort erschien der Meister und sagte: ‚Das ist das Mädchen, das du früher gesehen hast. Nimm sie als Unterstützung. Sie ist *Yogamaya*."[1]

Von Radhus Geburt 1900 bis zu Saradas Tod 1920 war Radhu der Dreh- und Angelpunkt, auf dem ihr weltliches Leben ruhte. Im Gospel heißt es: „Nach der oben erwähnten Vision übernahm die Heilige Mutter die Verantwortung für Radhu. Sie ließ nicht zu, dass Radhu sich von ihr trennte, bis wenige Tage vor ihrem Tod im Jahr 1920. Sie konnte ohne Radhu weder essen noch schlafen, so stark war das Band der Zuneigung, mit dem sie auf

---

[1] ders., S. 281. *Yogamaya* bedeutet göttliche Energie.

einmal an dieses Mädchen gebunden war. Sie übernahm praktisch die Rolle der Mutter und verdrängte die eigene verrückte Mutter des Mädchens, die Chota-Mami [junge Tante, wie sie fortan genannt wurde], die das später zum Anlass für ihre Tiraden gegen die Mutter nahm. Sie wurde eifersüchtig auf die Heilige Mutter, als sie feststellte, dass ihre Tochter die Mutter mehr liebte als sie selbst, und in ihrer wahnsinnigen Fantasie begann sie, in der Liebe der Mutter zu Radhu verschiedene boshafte Motive zu finden, was dazu führte, dass sie sich der Mutter gegenüber mit einer Unhöflichkeit verhielt, die an Verfolgungswahn grenzte."[1]

Im Oktober 1900 kehrte Sarada mit ihrem Onkel Nilmadhav, Surabala, Radhu und einer Freundin nach Kalkutta zurück. Schwester Niveditas Schule war von der Bosepara Lane 16 nach 17 umgezogen, und Sarada mietete die ehemalige Schule. Kusum kümmerte sich weiterhin um Radhu. Nilmadhav wurde das Familienoberhaupt, und Golap Ma kam immer, wenn sie in Kalkutta war. Sarada versuchte, Surabala zu beschäftigen, indem sie sagte: „Sieh her, man sollte immer etwas tun. Die Arbeit hält den Körper kräftig und den Geist rein." Sie nahm Surabalas Hand und meinte: „Sieh her, Golap ist immer beschäftigt. Man kann die Bindung der Anhaftung zerschneiden, indem man arbeitet. Dann kommt die Bindungslosigkeit. Man sollte keinen Augenblick leben, ohne etwas zu tun."[2] So begann Surabala, etwas Hausarbeit zu verrichten.

Eines Nachts ging Surabala mit einer Lampe in der Hand zum Badezimmer hinunter und sah, wie ein Dieb das Fenster zerbrach und in die Küche eindrang. Sie schrie und wurde ohnmächtig, als der Dieb davonrannte. Durch diesen Vorfall verschlimmerte sich ihr geistiger Zustand. Daraufhin beschloss Sarada, mit ihr und Radhu nach Jayrambati zurückzukehren.

Sarada kümmerte sich sehr um Radhu. Einmal sagte Swami Visweswarananda zu ihr: „Mutter, warum bist du so von Radhu besessen? Bei Tag und Nacht sprichst du von nichts anderem als von Radhu. Du scheinst sehr in die Welt verstrickt zu sein. Viele Verehrer kommen zu dir, und du schenkst ihnen keine Beachtung. Ist diese Anhaftung gut für dich?" Sarada hatte bereits öfter Ähnliches gehört. Sie antwortete darauf: „Wir sind Frauen, und ich folge meinem weiblichen Wesen." Diesmal aber meinte sie: „Wo wirst

---

[1] Gospel, S. XXX-XXXI
[2] Chetanananda: Sri Sarada Devi, S. 279

du jemanden wie mich finden? Versuche es. Lass mich dir eines sagen: Jene, die beständig über die höchste Wirklichkeit meditieren, entwickeln einen subtilen, reinen Geist. Welchen Gegenstand auch immer ein solcher Geist erfasst, daran hängt er beharrlich. Die Leute halten das für Bindung. Wenn der Blitz ein Gebäude trifft, spiegelt er sich in den Glasscheiben wider und nicht in den Fensterläden aus Holz."[1]

KALKUTTA 1904: STEHEND VON LINKS NACH RECHTS: BRAHMACHARI GANENDRANATH, ASHU, SITZEND: NALINI, SARADA, RADHU UND LAKSHMI

Im Januar 1906 erkrankte Sarada Devis Mutter Shyamasundari plötzlich. Sie sagte zu Ashu: „Mein Kind, mir ist schwindlig. Vielleicht ist das das Ende." Sarada und andere Familienmitglieder eilte zu ihr. Sie äußerte den Wunsch nach einem Kürbiscurry, und Sarada versprach ihr, es für sie zu kochen, sobald es ihr wieder besser ging. Shyamasundari erkannte, dass ihre

---

[1] ders., S. 281

letzte Stunde gekommen war. Sie bat um etwas Wasser, und Sarada schüttete dreimal Gangeswasser in ihren Mund. Sie legte ihre Finger auf den Kopf und die Brust ihrer Mutter und wiederholte ein Mantra. Um neun Uhr morgens starb Shyamasundari. Sarada weinte laut. Ihre Brüder Barada und Kalikumar trugen sie ans Ufer des Amodar und verbrannten die Leiche dort. Am nächsten Tag bat Sarada ihre Brüder, sich um die *Shraddha*-Zeremonie zu kümmern. Sie wurde in großem Stil begangen. Viele Leute kamen und erhielten zu essen, darunter auch das Kürbiscurry, das Shyamasundari sich zuletzt gewünscht hatte.

Nachdem Sarada ihre Mutter verloren hatte, kehrte sie im April 1906 nach Kalkutta zurück. In dieser Zeit starb auch Gopal Ma, die in einem Zimmer von Nividitas Schule lebte.

Radhu bereitete Sarada viele Probleme. In ihrer Kindheit war sie ein bezauberndes Mädchen, und ihr einfaches, unschuldiges Wesen zog die Leute an. Sarada behandelte ihre kleine Nichte sehr liebevoll. Radhu nannte sie „Ma" oder „Mutter" und ihre biologische Mutter Surabala „Nedi-ma" oder „kahlköpfige Mutter", da sie ihren Kopf kahl rasiert hatte, wie es sich für eine indische Witwe gehörte. Sarada erzog sie wie ihre eigene Tochter. Sie flocht ihr Haar, kleidete sie, ernährte sie und schickte sie zur Schule.

Als Radhu älter wurde, wurde sie schwierig. Sie war exzentrisch, launisch und störrisch. Sie gehorchte Sarada nicht mehr und beschimpfte und verfluchte sie. Ihr Verhalten wurde zunehmend untolerierbar.

Sarada wies Radhu zurecht, wenn sie sich unziemlich verhielt. Einmal war Radhus Sari über ihren Knien. Sofort sagte Sarada: „Was ist das? Eine Frau sollte sich anständig benehmen. Ihr Sari sollte nicht über ihren Knien sein." Ein andermal lief Radhu mit klingenden Fußkettchen die Treppe im Udbodhan-Haus hinunter. Sarada hielt sie auf und sagte: „Radhu, schämst du dich nicht? Meine monastischen Kinder wohnen unten, und du rennst die Treppe mit deinen Fußkettchen herunter. Sag mir, was werden sie von dir denken? Nimm die Fußkettchen sofort ab. Meine Kinder leben nicht zum Spaß hier. Sie sind hergekommen, um spirituelle Übungen zu machen. Weißt du, welche Konsequenzen es hat, wenn sie in ihren Übungen gestört werden?"[1] Daraufhin nahm Radhu ihre Fußkettchen ab und warf sie ärgerlich nach Sarada.

Im Juni 1911 wurde Radhu mit Manmatha Chattopadhyay, der ein paar Jahre älter war als sie, verheiratet. Radhu wollte jedoch nicht im Haus ihres Mannes in Tajpur leben. Deshalb wohnten fortan beide im Udbodhan-Haus bei Sarada. Manmatha war keine einfache Person. Er stammte aus einer wohlhabenden Familie, doch er war faul, undiszipliniert und extravagant und scheute sich nicht, von Sarada Geld zu verlangen.

SARADA MIT RADHU AUF DEM WEG NACH
JAYRAMBATI, 1913

Nach der Hochzeit hatte Radhu körperliche Probleme und wurde noch launischer und reizbarer. Einmal sagte Sarada zu einem Schüler: „Mein Sohn, Radhu war sehr freundlich, als sie jünger war. Jetzt ist sie verheiratet und leidet an verschiedenen Krankheiten. Ich fürchte, dass diese Tochter einer verrückten Mutter selbst verrückt werden könnte. Ach, erziehe ich eine verrückte Person?"[2]

---

[1] ders.
[2] ders., S. 298

1913 war Sarada mit Radhu und Surabala in Jayrambati. Radhu hatte Schmerzen und Fieber. Surabala begann Sarada zu beschimpfen: „Du tötest meine Tochter mit Medizin." Als sie mit ihren Beschimpfungen nicht aufhörte, rief Sarada ihren Bruder Barada, der Surabala aus dem Haus warf. Sarada konnte es nicht länger ertragen und beschwerte sich: „Sieh dir Radhus Mutter an, wie sie mich bei Tag und Nacht beschimpft! Ich weiß nicht, welche Sünde ich begangen habe, um das alles zu verdienen. Vielleicht habe ich *Shiva* mit einem dornigen Bel-Blatt verehrt, und dieser Dorn ist nun zu Radhus Mutter geworden."[1]

Später lebte Radhu bei ihrem Mann in Tajpur. Im August 1918, als sie mit ihrem Mann und ihrer Mutter wieder bei Sarada lebte, war sie schwanger. Ihre Nervenschwäche verschlimmerte sich, und sie konnte keinen Lärm ertragen. Doch das Udbodhan-Haus war ein sehr lauter Ort. Unten war der Verlag, und täglich kamen Verehrer zu Besuch. Deshalb siedelte Sarada mit Radhu ins Internat von Niveditas Schule über, das in einer abgeschiedenen Gasse lag. Als Brahmachari Barada am nächsten Tag Sarada Obst und Blumen vom Belur Math brachte, sagte sie zu ihm: „Ich bin jetzt mit diesem turbulenten Meer [Radhu] hier. Was wird geschehen, Barada? Warten wir ab und sehen wir, wie viele Tage Radhu hierbleiben wird. Sie legt sich immer hin und kann keinen Lärm ertragen. Mein Sohn, ich weiß nicht, was für eine Krankheit das ist. Nur der Meister weiß, wie sie diese Krankheit loswerden kann."[2]

Brahmachari Barada besuchte Sarada alle zwei oder drei Tage. Eines Tages sagte sie zu ihm: „Radhu mag diesen Ort nicht mehr. Sie will, dass ich sie nach Jayrambati bringe. Aber sieh, in welcher Verfassung sie ist! Dort gibt es keine Ärzte oder medizinische Einrichtungen. Es ist leichter, sie hier zu bekommen. Radhu ist sehr störrisch und gibt nicht auf, bis ihr Wunsch erfüllt ist. Wir wollen abwarten und sehen, was als Nächstes geschieht."[3]

Schließlich musste Sarada Radhu nachgeben und sie nach Jayrambati bringen. Brahmachari Barada begleitete sie. Am frühen Morgen des 27. Januar 1919 fuhr Sarada mit dem Pferdewagen mit Radhu, Surabala, ihren Nichten Nalini und Maku, deren Sohn Neda und mehreren anderen mit dem Zug bis

---

[1] ders., S. 300
[2] ders., S. 303
[3] ders.

Vishnupur. Von dort ging es mit sechs Ochsenkarren weiter in ihr Heimatdorf. Sarada und Radhu teilten sich einen Ochsenkarren. Als der Wagen sich Kotalpur näherte, begann Radhu Sarada mit den Füßen zu stoßen und zeterte: „Geh weg, geh weg! Geh aus dem Wagen!" und konnte nur mit Mühe wieder zur Vernunft gebracht werden.

Im Dorf Koalpara, etwa drei Meilen von Jayrambati entfernt, legte Sarada immer eine Rast ein, wenn sie nach Jayrambati reiste. Die jungen Mönche, die im Koalpara Ashram lebten, der 1909 erbaut worden war, halfen Sarada bei Bauarbeiten und Botengängen, wenn sie in Jayrambati war, und versorgten sie mit Gemüse. Sarada nannte diesen Ashram ihr „Wohnzimmer".

JAGADAMBA ASHRAM IN KOALPARA

Die Gruppe machte auch diesmal dort Halt. Sarada und Radhu wohnten im Jagadamba Ashram am äußersten Ende des Dorfes. Er war 1915 erbaut worden und war ein einsamer Ort, der von hohen Mauern umgeben war. In den beiden Ashrams lebten fast 40 Personen. Swami Saradananda trug die Hauptkosten. Sarada verbrachte dort oft eine gewisse Zeit und weihte viele Verehrer ein.

Radhu schlief zwei Nächte lang gut und wollte in diesem stillen Dorf bleiben. Man beriet sich, und beschloss, hierzubleiben. Sarada kümmerte sich um Radhus Gesundheit und gab viel Geld für verschiedene Behandlungen aus, die aber allesamt nicht anschlugen. Nalini wurde deswegen auf Radhu eifersüchtig und stritt sich immer mit Surabala. Diese Familienstreitigkeiten störten den geistigen Frieden der Mutter.

Maku und ihr dreijähriger Sohn Neda waren nach Jayrambati gegangen. Dort erkrankte Neda an Fieber. Sarada, die sich immer noch in Koalpara aufhielt, bat Brahmachari Barada und Dr. Vaikunta (den späteren Swami Maheswaranda), nach Jayrambati zu gehen. Dr. Vaikunta diagnostizierte Diphtherie. Er berichtete Sarada, dass Neda eine Injektion bräuchte, die nur in Kalkutta erhältlich sei. Sarada schickte Barada ins nächste Telegrafenamt, um Swami Saradananda ein Telegramm zu schicken. Dieser schickte sofort jemanden mit der Injektion nach Jayrambati. Doch als die Injektion eintraf, war es bereits zu spät. Neda starb am 20. April 1919.

Alle fieberten auf Radhus Entbindung hin, bei der große Schwierigkeiten erwartet wurden. Doch am 9. Mai 1919 gebar Radhu ohne große Probleme einen Sohn. Sarada war sehr erleichtert. Der Junge erhielt den Namen Banabihari, einen Beinamen von *Krishna*, weil er im Dschungel von Koalpara geboren worden war. Sein Spitzname war Banu.

Am 23. Juli reiste Sarada mit ihrem Haushalt nach Jayrambati. Radhu war sehr schwach. Ihre Exzentrik erreichte jetzt den Höhepunkt.

Wie es Sitte war, wurde für Banabihari, als er sechs Monate alt war, die Reiszeremonie gefeiert, die Sarada ausrichtete. Brahmachari Barada schrieb in sein Tagebuch: „Radhus Baby ist jetzt sechs Monate alt, aber Radhu ist immer noch zu schwach, um aufzustehen. Um die Dinge noch schlimmer zu machen, ist sie wegen Magenbeschwerden von Opium abhängig geworden. Auch der Heiligen Mutter geht es in letzter Zeit nicht gut. Sie hat gelegentlich Fieberanfälle. Sie versuchte, Radhu vom Opium zu entwöhnen, aber Radhu war unnachgiebig. Eines Morgens schnitt die Heilige Mutter Gemüse, als Radhu sie um Opium bat. Die Heilige Mutter sagte zu ihr: ‚Radhi, du hast genug davon gehabt. Warum stehst du nicht auf? Ich kann mich nicht weiter um dich kümmern. Um deinetwillen habe ich meine Andacht und alles andere aufgegeben. Kannst du mir sagen, wie ich all deine Ausgaben bestreiten soll?' Bei diesen Worten verlor Radhu die Beherrschung, nahm eine große Aubergine aus dem Gemüsekorb und warf sie mit großer Wucht auf den Rücken der Heiligen Mutter. Es traf sie hart, und sie krümmte ihren Rücken vor Schmerz. Er wurde rot und geschwollen. Die Heilige Mutter sah das Foto des Meisters an und betete mit gefalteten Händen: ‚Herr, bitte vergib ihr. Sie ist nicht gesund.‘ Dann nahm sie den Staub von ihren eigenen Füßen, gab ihn auf Radhus Kopf und sagte: ‚Radhi, der Meister hat mich nie verletzt, nicht einmal mit groben Worten, und du quälst mich so sehr. Wie kannst du verstehen, wohin ich wirklich gehöre? Nur weil ich mit euch allen lebe, hältst du nichts von mir.‘ Radhu brach in Tränen aus. Die Heilige Mutter fuhr fort: ‚Radhi, wenn ich ärgerlich auf dich werde, gibt es niemanden in den drei Welten, der dir Unterkunft bietet.‘ Dann sagte sie zu Sri Ramakrishna: ‚Oh Meister, bitte sei nicht mit ihr beleidigt.‘‘‘[1] So ertrug sie geduldig die Ausfälle ihre Nichte.

Swami Ishanananda berichtete: „Ein paar Tage nach diesem Vorfall suchte Radhus Mutter in ihrer Verrücktheit an vielen Orten nach ihrem Schwiegersohn Manmatha. Sie stieg bei ihrer Suche sogar in den Teich und kam zu dem Schluss, dass er ertrunken war und dies alles auf eine Machenschaft der Heiligen Mutter zurückzuführen war. Daraufhin lief sie in ihren nassen Kleidern zur Heiligen Mutter, fiel ihr zu Füßen und begann zu schreien und zu weinen: ‚Oh je, Schwägerin, mein Schwiegersohn ist im Teich ertrunken. Oh je, was ist jetzt zu tun?‘ Das kam für die Heilige Mutter wie ein Blitz aus heiterem Himmel. Sie war sehr aufgebracht und rief uns herbei: ‚Kommt schnell. Hört nur, was diese verrückte Frau sagt.‘ Wir eilten alle zu ihr. Hari sagte, er habe Manmatha mit seinen Freunden Karten spielen sehen. ‚Beeilt euch und bringt ihn her‘, sagte die Heilige Mutter. Wir gingen sofort und kehrten mit dem Schwiegersohn zurück. Als die verrückte Tante ihn sah, war sie verlegen und zog sich wütend zurück, wobei sie die Heilige Mutter verfluchte.

Am Abend schnitt die Mutter Gemüse. Plötzlich kam die verrückte Tante, setzte sich neben sie und sagte: ‚Du hast Radhu mit Opium versorgt und sie dadurch unfähig gemacht. So hältst du sie in deiner Gewalt. Du erlaubst meiner Tochter und meinem Enkel nicht einmal, sich mir zu nähern.‘ Die Heilige Mutter erwiderte: ‚Dann nimm deine kostbare Tochter. Sie liegt da wie ein Klumpen. Habe ich sie irgendwo versteckt?‘ Nach einem oder zwei

---

[1] ders., S. 312

derartigen Wortwechseln erreichte der Wahnsinn der Tante seinen Höhepunkt. Sie rannte los, um eine brennende Fackel zu holen und die Mutter damit zu schlagen. Die Heilige Mutter schrie entsetzt auf: ‚Wer kann mir helfen? Diese Verrückte wird mich umbringen!' Ich eilte zur Stelle. Ich sah, wie die verrückte Tante den Schlag ausführte und das Feuer auf den Kopf der Mutter fallen wollte. Ich entriss der verrückten Tante die Fackel und stieß sie aus der Haustür. Ich zitterte vor Wut, drohte ihr und verbot ihr, jemals wieder unser Haus zu betreten. Auch die Heilige Mutter war ganz aufgeregt und platzte mit diesen Worten heraus: ‚Verrücktes Weib! Was wolltest du tun? Deine Hand soll verfaulen und abfallen.' Kaum hatte sie das gesagt, biss sie sich auf die Zunge und erschauderte. Sie wandte sich an den Meister und sagte mit gefalteten Händen: ‚Oh Herr, was habe ich getan! Was ist jetzt der Ausweg? Bis jetzt habe ich noch nie einen Fluch über jemanden ausgesprochen. Schließlich ist auch das geschehen. Was noch?' Ich war verblüfft, dieses grenzenlose Mitgefühl der Heiligen Mutter zu sehen."[1]

---

[1] Gospel, S. 398 f.

SARADA DEVI, 1912

Sarada fühlte sich als Mutter aller, auch der Muslime. Jeder in Not konnte zu ihr kommen. Als im April 1915 auf Swami Saradanandas Veranlassung hin ein Haus für Sarada in Jayrambati gebaut wurde, wurden muslimische Arbeiter eingestellt, die einmal verurteilte Diebe gewesen waren. Doch sie behandelte sie freundlich und unterhielt sich mit ihnen. Die früheren Banditen nannten sie „Mutter" und verhielten sich anständig.

Einer von ihnen war Amzad. Trotz der Kastenregeln, die es verboten, gab sie ihm eines Tages zu essen, einem Muslim und Räuber dazu. Als Nalini es ihr vorwarf, meinte sie: „Sei still. Wie Sharat mein Sohn ist, so ist es auch Amzad."

Etwa zwei Jahre später lag Sarada mit Malaria im Bett. Verehrer aus verschiedenen Orten besuchten sie. Eines Morgens kam ein abgemagerter Mann in Lumpen ins Haus. Sarada sagte mit schwacher Stimme: „Wer ist da? Ist es mein Kind Amzad? Komm herein." Amzad ging auf die Veranda, setzte sich an der Türschwelle hin und unterhielt sich mit der Mutter über sein schweres Leben. Er durfte im Teich baden und erhielt ein neues Gewand. Dann bekam er ordentlich zu essen. Als er nach Hause ging, war er eine völlig andere Person. Er trug ein Bündel mit vielen Geschenken bei sich, unter anderem ein ayurvedisches Öl von der Mutter.

Amzad half, wenn es etwas am Haus der Mutter zu tun gab. Trotz der Liebe der Mutter gab er jedoch seine Straftaten nicht auf und blieb der Anführer einer Räuberbande. Die Leute aus Jayrambati fürchteten ihn, doch er stahl nie etwas in diesem Dorf. Als er einmal aus dem Gefängnis entlassen wurde und nach Hause zurückkehrte, sah er, dass Kürbisse auf seinem Grundstück wuchsen. Er erntete sie und brachte sie der Mutter mit den Worten: „Ich habe an dich gedacht." Sarada fragte: „Wo bist du so lange gewesen?" Er erwiderte offen, dass er im Gefängnis gewesen sei, weil er eine Kuh gestohlen hatte. Sarada kümmerte sich nicht um seine Straftat und sagte freundlich: „Ich war besorgt, weil du so lange nicht da warst."[1]

Es gibt unzählige Geschichten, wie Sarada den Menschen half, unbesehen des Geschlechts, der Kaste und ob sie gut oder böse waren. Alle erfuhren ihre mütterliche Güte.

In Jayrambati gab es eine junge Witwe, die sehr arm war und ihren Lebensunterhalt durch harte Arbeit verdiente. Sarada mochte sie sehr. Als das Mädchen zur Frau wurde, verliebte sie sich in einen jungen Mann. Doch da es Witwen nicht gestattet war, wieder zu heiraten, gab es viel Aufruhr im Dorf, als ihre Liebesaffäre bekannt wurde. Man beschimpfte sie und wollte sie bestrafen. Als Sarada davon erfuhr, sorgte sie sich um die Zukunft der jungen Frau und betete für sie. Zum Glück schritt ein wohlhabender Grundbesitzer aus einem Nachbardorf, der ein Schüler der Mutter war, ein und ermahnte die Leute, barmherzig zu dem Mädchen zu sein. Daraufhin kehrte wieder Friede im Dorf ein.

In Jayrambati gingen die Leute normalerweise barfuß. Manchmal verstreuten Kinder sorglos Tonscherben oder Zementstücke in Saradas Hof. Swami Saradeshananda erzählte diese berührende Geschichte: „Die Mutter war in Jayrambati. Sie war über 60, und es ging ihr nicht gut. Es war mitten in der

---

[1] s. Chetanananda: Sri Sarada Devi, S. 427-429

Nacht, gegen 1:30 Uhr. Ich wachte auf und sah von meinem Zimmer aus Licht im Hof. Aus Neugier ging ich hinaus und sah, dass jemand mit einer Kerosinlampe etwas tat. Ich ging hinunter und sah, wie die Mutter mit einem Spaten grub, Tonscherben und Zementstücke auflas und sie in einen Eimer tat. Verblüfft fragte ich: ‚Mutter, was tust du da?' Verlegen erwiderte sie: ‚Ich reinige den Hof, indem ich diese Scherben auflese.' Ich fragte: ‚Warum tust du das?' Die Mutter erwiderte: ‚Mein Sohn, sprich leise, sonst weckst du die anderen auf. Wie du siehst, sind einige Kinder aus Kalkutta da. Sie leben in der Stadt und gehen nicht barfuß. Hier gehen die Leute barfuß. Heute hat sich jemand in den Fuß geschnitten. Deshalb räume ich diese Scherben weg, damit sie sich nicht verletzen.' Ich erwiderte: ‚Mutter, wir können das erledigen. Warum tust du so etwas und opferst deinen Schlaf?' ‚Ja, mein Sohn, ich weiß, dass ihr es tun könnt. Aber ihr seid von der vielen Hausarbeit, die ihr den ganzen Tag tut, müde und braucht Schlaf. Ich habe keine Arbeit. Deshalb bin ich in den Hof gegangen, als ihr schlafen gegangen seid.' Ich sagte: ‚Gut, gib mir jetzt den Spaten, und ich werde den Hof reinigen. Geh in dein Zimmer und schlafe.' Die Mutter sagte freundlich: ‚Mein Sohn, ich sollte das tun, weil ich die Mutter bin. Eine Mutter tut vieles für ihre Kinder. Ich tue nur sehr wenig für euch alle. Mein Sohn, geh schlafen. Ich bin fast fertig – nur noch ein wenig ist zu tun.' Ich konnte nichts mehr sagen. Tränen rannen mir aus den Augen. Ich dachte: Deshalb ist sie die Mutter aller."[1]

Zu Sarada kamen alle Arten von Menschen, gute und sündige, geistig gesunde und kranke. Wenn sündige Menschen sie berührten, spürte sie es körperlich, wie es auch bei Ramakrishna der Fall gewesen war. Als eines Nachmittags ein Besucher gegangen war, beobachtete Brahmachari Rasbehari, dass sie sich wiederholt die Füße bis zu den Knien wusch. Als er nach dem Grund fragte, sagte sie: „Erlaube nicht jedem, mich zu grüßen, indem er mit seinem Kopf meine Füße berührt. Auf diese Weise treten alle Sünden in meinen Körper ein, und meine Füße brennen. Dann muss ich meine Füße waschen. Deshalb werde ich krank. Sag den Leuten, sie sollen sich mit Abstand vor mir verneigen."[2]

---

[1] ders., S. 450 f.
[2] ders., S. 444

Um Kastenunterschiede kümmerte sie sich nicht. Einmal weihte sie einen Verehrer ein, der ein Yugi, ein Mitglied der unteren Weberkaste war. Er zögerte, freien Umgang mit den anderen Verehrern in Jayrambati zu pflegen. Sarada gab ihm die Zusicherung: „Mein Sohn, warum fühlst du dich verunsichert, weil du ein Yugi bist? Du gehörst in die Herde des Meisters. Du gehörst zu seiner Familie."

Einmal kamen Schlangenbeschwörer nach Jayrambati. Als sie in die Nähe von Saradas Haus kamen, wollte sie die Schlangen sehen. Sie rief die Schlangenbeschwörer in ihren Hof und bat sie um eine Vorführung. Viele Dorfbewohner mit ihren Kindern versammelten sich vor ihrem Haus. Die Schlangenbeschwörer öffneten ihre Körbe, und als sie mit ihren Flöten spielten, erhoben sich die Schlangen und begannen, ihre Köpfe im Rhythmus zu bewegen. Als die Schau vorüber war, gab Sarada ihnen zwei Rupien, ein Kleidungsstück, Puffreis und Sirup. Der Anführer nahm den Staub der Füße der Mutter, und sie segnete ihn, indem sie seinen Kopf berührte. Eine ihrer Schwägerinnen meinte: „Genügt es nicht, dass du ihnen Geld, ein Kleidungsstück und Erfrischungen gegeben hast? Warum hast du den Schlangenbeschwörer berührt? Sie berühren Tag und Nacht die Schlangen und müssen Gift an ihren Händen haben. Du solltest sie nicht berühren." Sarada erwiderte: „Was kann ich tun? Dieser Mann hat mich gegrüßt, indem er meine Füße berührt hat. Wie hätte ich es ihm verbieten können? Wenn mich jemand grüßt, soll ich ihn dann nicht segnen, indem ich seinen Kopf berühre?"[1]

Einmal sagte sie zu einer Verehrerin: „Seid ihr nicht meine Kinder? Wessen Kinder seid ihr dann? Gibt es eine andere Mutter außer mir? Ich existiere in allen Frauen und Müttern. Jene, die zu mir kommen, gleichgültig woher, sind meine Kinder. Das ist gewiss. Jene, die zu mir kommen und mich ‚Mutter' nennen, sind alle meine Kinder."[2]

---

[1] ders., S. 452
[2] ders., S. 458 f.

SARADA UND DIE TIERE

Sarada Devi mochte die Tiere und war auch ihre Mutter.

Im Udbodhan-Haus gab es keine Milch. Deshalb boten ihr die Mönche an, eine Kuh vom Belur Math nach Kalkutta zu bringen. Aber damit war Sarada nicht einverstanden, denn in der Großstadt müsste die Kuh in einem dunklen Raum hausen, und den Gedanken daran konnte sie nicht ertragen. Auch in Jayrambati fehlte es ihr an Milch. Schließlich willigte sie ein, als ein Swami ihr zwei Kühe anbot.

Einer ihrer Verehrer berichtete: „Sehr früh am Morgen schrie ein Kalb jämmerlich im Vorhof des Hauses der Mutter in Jayrambati. Es wurde nachts von seiner Mutter getrennt gehalten, um die Kuh zu melken. Als die Mutter seine Schreie hörte, eilte sie hinaus und sagte: ‚Ich komme, mein Kind, ich komme. Ich werde dich befreien.' Sofort band sie das Kalb los. Erstaunt wurde ich Zeuge des Mitgefühls der Göttlichen Mutter für alle Lebewesen."[1]

Swami Chetanananda berichtet von einigen weiteren berührenden Tiergeschichten: „Im Haus der Heiligen Mutter lebte ein Papagei namens Gangaram. Jeden Tag badete die Mutter ihn, reinigte seinen Käfig und gab ihm Futter und Wasser. Jeden Morgen und Abend sagte die Mutter zu dem Vogel: ‚Mein Kind Gangaram, wiederhole jetzt dein Mantra.' Der Papagei rief daraufhin: ‚*Hare Krishna, Hare Krishna; Krishna, Krishna, Rama, Rama.*' Die Mutter hatte ihn gelehrt, die Namen Gottes aufzusagen. Er lernte von der Mutter auch die Namen der *Brahmacharis* und konnte sie deutlich aussprechen. Manchmal rief er: ‚Ma, oh Ma!', und die Mutter antwortete: ‚Ich komme, mein Kind, ich komme.' Sie brachte dem Vogel etwas Futter und Wasser, denn sie wusste, dass der Ruf des Vogels bedeutete, dass er hungrig war.

Radhu hatte eine Katze als Haustier, und die Mutter sorgte für ihre tägliche Ration Milch. Sie legte sich friedlich und furchtlos zu den Füßen der Heiligen Mutter nieder. Wenn sie ein wenig ungezogen war, tat die Heilige Mutter so, als wolle sie die Katze mit einem Stock bestrafen, aber das brachte sie nur dazu, näher an ihre Füße zu kriechen. Lachend warf sie den Stock

---

[1] Chetanananda: Sri Sarada Devi, S. 438

weg, und alle lachten, wenn sie die verspielte Stimmung der Mutter sahen. Katzen stehlen gerne Futter, aber das störte die Mutter nicht im Geringsten. Sie meinte nur: ‚Essen zu stehlen ist ihr *Dharma*. Ist immer jemand da, um sie liebevoll zu füttern?'

Eines Tages kämpften zwei Katzen um Futter. Dabei verstauchte sich eine von ihnen das Bein. Die Mutter war besorgt und sagte: ‚Ein Bein dieser Katze ist verletzt. Wie soll sie jetzt nach Futter jagen? Bitte rufe Dr. Nalin.' Der Arzt kam und verband das Bein der Katze mit einem kleinen Stück Holz und Stoff. Die Katze wurde innerhalb weniger Tage wieder gesund.

Brahmachari Jnan hatte Radhus Katze den Krieg erklärt. Eines Tages behandelte er die Katze grob und warf sie auf den Boden. Da wurde das Gesicht der Mutter blass vor Schmerz. Schließlich brachte die Katze einige Junge zur Welt. Als die Heilige Mutter nach Kalkutta gehen wollte, sagte sie zu Jnan: ‚Mein Sohn, bitte koche etwas Reis für die Katzen, damit sie nicht zum Fressen in die Nachbarhäuser gehen, sonst werden die Nachbarn uns beschimpfen.' Sie wusste, dass er diesen Rat des gesunden Menschenverstandes vielleicht nicht befolgen würde, also fügte sie hinzu: ‚Jnan, schlag diese Katzen nicht. Du weißt genau, dass ich in ihnen wohne.' Das war genug. Jnan konnte nicht mehr die Hand oder einen Stock gegen die Katzen erheben. Obwohl er selbst Vegetarier war, kaufte er jeden Tag ein paar kleine Fische, briet sie, mischte sie mit Reis und verfütterte sie an die Katzen.

Im Udbodhan-Haus brachte eine Katze ihre Jungen auf Brahmachari Ganendranaths Bett zur Welt. Die Heilige Mutter und Golap Ma reinigten eilig Ganens Bett und wechselten das Laken. Die Heilige Mutter war besorgt, dass Ganen die Katze aus dem Haus werfen könnte. Also sagte sie liebevoll zu ihm: ‚Diese Katze lebt und frisst hier. Wo hätte sie hingehen können, um ihre Jungen zu werfen? Mein Sohn, tu der Katze nicht weh.'"[1]

Ein Verehrer erinnerte sich: „Im Udbodhan-Haus hatte Radhu zwei Katzen – Ranga und Ramani. Sie waren gutmütig und versuchten nie, von den Tellern der anderen zu fressen. Sie fraßen nur, wenn Radhu oder Golap Ma sie fütterten. Die Mutter mochte sie sehr. Eines Tages beschmutzte Ranga ein Bett, woraufhin Rasbehari sie an einen weit entfernten Ort verbannte. Die

---

[1] ders., S. 438 f.

Mutter klagte: ‚Meine Güte! Was soll das? Was hat Rasbehari heute Morgen getan? Er ist ein Mönch. Er hat keine Gefühle.' Radhu und Golap Ma grämten sich wegen der Katze. Doch sie kehrte nach vier Monaten ins Udbodhan-Haus zurück. Sie war abgemagert und starb nach einigen Tagen auf der Straße. Golap Ma tauchte sie in den Ganges und erhielt von der Mutter die Erlaubnis, eine Zeremonie für sie durchzuführen. Die Mutter kommentierte: ‚Siehst du, diese Katze war ein Verehrer, der verflucht worden war.' Golap Ma sammelte Geld und veranstaltete am 13. Tag nach dem Tod der Katze ein Fest. Einige Mönche aus dem Belur Math kamen und sangen ein *Kali-Kirtan*, und alle genossen ein schönes Festmahl."[1]

Swami Arupananda schrieb in seinen Erinnerungen vom 28. März 1913 in Jayrambati: „Die verrückte Tante [Radhus Mutter] bereitete das Mittagessen für einen Verwandten zu und stellte für ihn einen Blattteller und ein Glas Wasser auf die Veranda. Radhus Katze trank aus dem Glas, woraufhin sie es durch ein anderes Glas Wasser ersetzte. Auch dieses Mal trank die Katze das Wasser. Die verrückte Tante verjagte die Katze und rief: ‚Ich werde dich töten.' Die Mutter war in der Nähe. Sie sagte: ‚Nein, man darf ein durstiges Tier nicht am Trinken hindern. Außerdem hat die Katze das Wasser bereits berührt.' Da wurde die verrückte Tante wütend und sagte: ‚Du brauchst dieser Katze nicht dein übergroßes Mitgefühl zu zeigen. Warum sparst du deine Freundlichkeit nicht für die Menschen auf?' Die Mutter sagte ernst: ‚Der Mensch ist wirklich unglücklich, der mein Mitgefühl nicht hat. Ich kenne niemanden, nicht einmal ein Insekt, der nicht mein Mitgefühl erhält.'"[2]

Diese Tiergeschichten zeigen sehr deutlich das Mitgefühl der Mutter für alle Lebewesen. Wer vertraut mit Ramana Maharshi, dem Weisen vom Berg Arunachala, ist, wird die Parallele entdecken. Es ist ein Merkmal aller großen Persönlichkeiten, ganz natürlich die Tiere und die ganze Schöpfung zu respektieren und zu schützen. Im Hinduismus kommt noch die Annahme hinzu, dass *Brahman* in allen Lebewesen wohnt.

---

[1] ders., S. 439
[2] ders., S. 440

DIE LETZTEN MONATE UND DER TOD DER HEILIGEN MUTTER

Sarada spürte, dass ihr Leben seinem Ende zuging. Sie wollte Radhu noch ins spirituelle Leben einweihen. Radhu erzählte später einer Frau: „Ich habe mit der Mutter nie über die Einweihung gesprochen. Eines Tages, als die Mutter auf dem *Asana* saß und ihre Andacht ausübte, rief sie mich plötzlich: ‚Radhi, komm her.‘ Als ich herkam, sagte sie: ‚Besprenge dich mit Gangeswasser, nimm ein *Asana* und setz dich neben mich.‘ Dann gab sie mir ein Mantra. Sie verneigte sich vor dem Meister und sagte zu ihm: ‚Ich habe genug getan. Kümmere du dich jetzt bitte um sie.‘ Schwester, ich konnte nicht verstehen, wovon die Mutter sprach. Aber nach dieser Einweihung verbesserte sich meine Gesundheit beträchtlich.“[1]

Am 13. Dezember 1919 feierten die Verehrer den 66. Geburtstag der Mutter in Jayrambati. Sie hatte immer wieder an Malaria gelitten. Dadurch war sie geschwächt und abgemagert. Auch litt sie an Rheuma. Es ging ihr nicht gut. Saradananda schickte einige Swamis, um sie nach Kalkutta zurückzubringen. Radhu und ihre Mutter, Nalini, Maku und Brahmachari Barada kehrten im Februar 1920 mit ihr ins Udbodhan-Haus zurück.

Mehrere Ärzte wurden gerufen, unter ihnen auch Dr. Jnanendra Nath Kanjilal, ein Schüler der Mutter, der sie schon zuvor behandelt hatte. Zuerst wurde sie homöopathisch, dann allopathisch und auch ayurvedisch behandelt. Obwohl sie schwach war, akzeptierte sie eine begrenzte Anzahl von Besuchern. Langsam zog sie ihren Geist von Radhu ab, obwohl deren Sohn Banu ihre volle Liebe bekam. Da sich Radhu kaum um das Baby kümmern konnte, übernahm Sarala, eine Schülerin von Nivedita, diese Aufgabe.

Saradas Fieber ging zurück, kam jedoch wieder. Saradananda war sehr besorgt und führte alle Anweisungen der Ärzte genau aus. Die Schülerinnen der Mutter pflegten sie mit großer Liebe und Fürsorge. Es wurden viele Rituale für ihre Genesung ausgeführt. Täglich brachte ein Mönch frische Blumen und ein Bel-Blatt vom Belur Math für die Rituale und frische Zitronen für die Mutter. Doch Sarada ging es nicht besser. Als auch die Rituale keine Wirkung zeigten, sagten einige Schüler zur Mutter: „Mutter, wenn du nur einmal sagst: ‚Diese Krankheit soll heilen‘, wird sie definitiv

---

[1] Chetanananda: Sri Sarada Devi, S. 313

verschwinden." Doch Sarada meinte nur: „Kann ich um so etwas bitten, mein Kind? Was immer der Meister will, wird geschehen. Was kann ich sonst noch sagen? Ich werde dorthin gehen, wohin der Meister mich mitnimmt." Sie wusste, dass sie bald diese Welt verlassen würde. Eines Tages sagte sie zu Gauri Ma: „Meine Zeit ist gekommen. Wenn ich sterbe, bewahre einen kleinen Teil von den Überresten meines Körpers in deinem Ashram auf." Ein andermal sagte sie zu jemandem: „Sei nicht traurig. Ich muss gehen."[1]

Shivananda kam öfter mit dem Boot vom Belur Math herüber. Er besprach sich mit Saradananda über ihren Zustand und die Behandlung. Viele Mönche besuchten die Mutter. Sie kamen auch aus abgelegenen Zentren und übernachteten im Innenhof, da es an Platz fehlte.

Radhu bereitete Sarada bis zuletzt Schwierigkeiten. So beschimpfte sie die Mutter einmal mit den Worten: „Mögest du sterben! Ich werde deinen Scheiterhaufen anzünden!" Obwohl Sarada grenzenlose Geduld mit ihr besaß, erwiderte sie diesmal: „Du wirst die Folgen davon erst später erkennen und verstehen, in welch trauriger Lage du nach meinem Tod sein wirst. Ich weiß nicht, wie viele Tritte und Schläge mit dem Besenstiel auf dich zukommen werden!"[2]

In ihren letzten Tagen wandte sie sich von Radhu und deren Sohn ab und schickte sie nach Jayrambati. Swami Ishanananda berichtete: „Eines Tages sagte die Mutter zu mir: ‚Nimm Radhu und alle ihre Sachen mit nach Jayrambati und lass sie dort.' Radhu war sozusagen das zweite Herz der Heiligen Mutter. Sie konnte sich nicht einmal für einen Augenblick von ihr trennen. Und heute, in ihrem sich verschlechternden Gesundheitszustand, ordnete sie an, sie nach Jayrambati zu schicken. Wir fragten uns, was das wohl bedeuten könnte. Sie war so unzufrieden mit ihnen, dass Nalini-Didi und andere Angst hatten, sich ihr zu nähern. Der ehrwürdige Sharat Maharaj versuchte, die Heilige Mutter zu beschwichtigen, und sagte: ‚Sie werden unglücklich sein, wenn sie abreisen und dich in den Tagen deiner Krankheit zurücklassen müssen. Sie werden gehen, wenn du dich ein wenig erholt hast.' Die Heilige Mutter erwiderte: ‚Es ist besser, sie wegzuschicken, damit

---

[1] ders., S. 727 f.
[2] Gospel, S. 72

sie nie wieder in meine Nähe kommen können. Ich habe keine Lust, auch nur ihren Schatten zu sehen.'

Eines Mittags schlief Radhu in einem Nebenzimmer. Ihr Kind krabbelte auf allen Vieren zum Bett der Heiligen Mutter und versuchte, auf ihre Brust zu klettern. Die Mutter sah es an und sagte: ,Ich habe meine Bindung zu dir ganz abgebrochen. Geh jetzt. Du kannst mich nicht mehr binden.' Zu mir sagte sie: ,Bring dieses Kind woanders hin. Ich mag das alles nicht mehr.' Ich nahm das Kind in meine Arme und gab es seiner Großmutter."[1]

Da es keinen elektrischen Ventilator im Udbodhan-Haus gab, litt Sarada sehr unter der Sommerhitze, was durch ihr Fieber noch verstärkt wurde. Die meiste Zeit fächelte ihr jemand mit einem Palmblattfächer Luft zu. Täglich wählte Shivananda einige Mönche aus und schickte sie ins Udbodhan-Haus, um der Mutter zu dienen, obwohl sie genügend Gehilfen hatte. Die Mädchen aus Niveditas Schule kamen ebenfalls, um ihr Luft zuzufächeln.

Da die Hände und Füße der Mutter geschwollen waren, änderte der Arzt die Behandlung und verschrieb bestimmte Sorten von Spinat, womit der Appetit der Mutter angeregt werden sollte. Diese Sorten gab es in Kalkutta nicht, aber die Mönche im Belur Math fanden sie im Blumengarten des Klosters und an anderen Orten. Fortan brachte ein *Brahmachari* jeden Morgen frischen Spinat.

Die Besucherzahl wurde sehr eingeschränkt. Nur die Mönche und nahen Schüler und Verehrer durften sie sehen, und nur von außerhalb ihres Zimmers. Keiner durfte mehr ihre Füße berühren.

Gegen Ende ihres Lebens musste Sarada noch weitere Trauerfälle verkraften. Latu (Swami Adbhutananda), den sie seit den frühen Tagen in Dakshineswar kannte und der ihr mit dem Haushalt geholfen hatte, starb am 24. April und ihr Bruder Barada am 20. Juni 1920.

Ihre Krankheit verschlimmerte sich rasch. Die Ärzte diagnostizierten Kala-Azaar (Schwarzwasserfieber). Damals gab es dagegen keine wirksame Behandlung. Sie hatte mehrmals täglich heftige Fieberschübe und verlor dabei manchmal das Bewusstsein.

---

[1] dass., S. 407

Mönche und Verehrer von nah und fern kamen ins Udbodhan-Haus, um sie ein letztes Mal zu sehen. Alle versammelten sich unten, da es keinem erlaubt wurde, zu ihr zu gehen. Als sie darüber informiert wurde, sagte sie mit schwacher Stimme: „Mein Kind, sag allen, dass ich sie liebe und jeden segne – jene, die gekommen sind, um mich zu besuchen, jene, die das nicht getan haben, und jene, die in Zukunft kommen werden." Während ihrer letzten drei Tage sprach sie kaum und war völlig nach innen gekehrt.

Swami Saradeshananda beschrieb ihre letzten Tage folgendermaßen: „Die Gesundheit der Mutter war völlig zusammengebrochen. Sie konnte sich nicht mehr bewegen. Der Altar des Meisters war aus ihrem Zimmer entfernt worden, und sie lag auf einer Matratze auf dem Boden. Wir hatten alle die Hoffnung verloren und rechneten jeden Moment mit dem Schlimmsten. Eines frühen Abends ging ich zu ihr und sah, dass die Frauen ihr geholfen hatten, sich aufzusetzen, und sie stützten. Mit ihrer Hilfe hob die Mutter ihre Hände und verneigte sich vor dem Meister. Ihre schönen, runden Arme, die uns so viele Segnungen und Zusicherungen gegeben hatten, waren jetzt nur noch Haut und Knochen. Ich konnte sie nicht lange ansehen. Diese Hände, mit denen die Mutter ihre Kinder gesegnet und ihnen mit Liebe und Zuneigung *Prasad* und Essen gereicht hatte – in welch schrecklichem Zustand waren sie jetzt! Die schönen Armreife, die die Mutter immer getragen hatte, saßen jetzt so locker, dass sie mit Schnüren an ihren Handgelenken festgebunden waren. Als Balarams Tochter dies sah, ließ sie ein Paar Armreife anfertigen, die für ein kleines Mädchen geeignet waren, und legte sie der Mutter an die Handgelenke."[1]

Sarala berichtete über ihre letzten Momente: „Am Morgen ihres letzten Tages hatte die Mutter Schwierigkeiten zu atmen. [...] Man konnte ihren Atem vom ersten bis zum dritten Stock hören. Ihre Augen waren geschwollen. [...] Das ganze Udbodhan-Haus war voller Mönche und Verehrer. Schwester Sudhira und ich blieben die ganze Nacht bei den Füßen der Mutter sitzen. Yogin Ma brachte einen kleinen Krug mit Wasser und bat mich, die Zehe der Mutter in das Wasser hineinzuhalten, um es zu heiligen. Ich flößte ihr Gangeswasser ein, Tropfen für Tropfen. Allmählich wurde ihr Atem immer

---

[1] Chetanananda: Sri Sarada Devi, S. 747

schwächer. Schließlich hörte er auf. Es war nach 1 Uhr morgens, 4. Shravan 1317 B.E."[1]

Swami Nikhilananda schreibt: „Am 21. Juli 1920, gegen ein Uhr morgens, war es offensichtlich, dass die letzten Augenblicke für die Heilige Mutter gekommen waren. Die Gehilfen begannen, den Namen des Herrn zu singen. Eine halbe Stunde später atmete die Mutter mehrere Male tief und ging in *Samadhi* ein. Ein friedlicher Schlaf legte sich über ihren Körper, der sich, obwohl er durch die lange Krankheit schwer gezeichnet war, plötzlich entspannte und ein himmlisches Licht ausstrahlte. Viele ihrer Verehrer wurden von diesem Strahlen getäuscht und dachten, dass sie immer noch bei ihnen war."[2]

Swami Arupananda, ein Schüler der Mutter, berichtete: „Was für ein Wunder! Aufgrund des langen Leidens war der Körper der Mutter völlig abgemagert und nur noch Haut und Knochen, blass und abgekämpft. Und so sah er zum Todeszeitpunkt aus. Als ihre Lebenskraft den Körper verlassen hatte, bat Sharat Maharaj ihre Gehilfinnen, ihr Gewand durch ein neues zu ersetzen, ein frisches Bett herzurichten und ihren Körper hineinzulegen. Es wurde Weihrauch an ihrem Bett verbrannt. Alle saßen kummervoll um den Körper der Mutter herum. Plötzlich sah jemand, dass das Gesicht der Mutter strahlend geworden war und ein Glorienschein um es erschien. Er rief: ‚Seht, seht, das Gesicht der Mutter ist strahlend geworden.' Jeder warf einen Blick auf das Gesicht der Mutter. Staunend sahen alle einander an und fragten sich: ‚Woher kommt plötzlich dieses Strahlen? Wir haben so etwas noch nie gesehen!' Jedem schlug das Herz vor Freude und Erstaunen. Alle begannen, *Bhajans* zu singen, besonders solche Lieder, die die Göttliche Mutter preisen."[3]

Swami Gauriswarananda erinnerte sich: „Nach dem Tod der Mutter ging Sharat Maharaj (Saradananda) in sein Zimmer hinunter und weinte. Nach einiger Zeit rief Yogin Ma ihn von oben: ‚Sharat, komm herauf und sieh.' ‚Was gibt es da noch zu sehen?', antwortete Sharat Maharaj mit Tränen in den Augen. Yogin Ma antwortete: ‚Sieh, was du noch nie in deinem Leben

---

[1] ders., S. 748 Die Zeitangabe erfolgte hier nach dem bengalischen Kalender. Der Todeszeitpunkt war am 21. Juli 1920 um 1:30 Uhr nachts.
[2] Nikhilananda: Holy Mother, S. 319
[3] Chetanananda: Sri Sarada Devi, S. 748 f.

gesehen hast.' Er ging nach oben und war sprachlos, als er das strahlende Gesicht der Mutter sah. Er verneigte sich, berührte mit dem Kopf ihre Füße und kehrte dann in sein Zimmer unten zurück."[1]

SARADA DEVIS GESCHMÜCKTER LEICHNAM

Saradananda ließ sofort den Belur Math benachrichtigen. Shivananda schickte die Mönche ins Udbodhan-Haus, um die Mutter ein letztes Mal zu sehen und ihren Körper in den Belur Math zu bringen.

Am Morgen strömte eine große Menge Menschen zum Udbodhan-Haus. Der Körper der Mutter wurde hinuntergebracht, auf eine Liege gelegt und schön mit Blumen und Girlanden geschmückt. Ein Verehrer nach dem anderen trat hinzu und verneigte sich vor ihr.

Um 10.30 Uhr trugen die Schüler der Mutter ihren Leichnam von Baghbazar nach Baranagore zum Belur Math. Swami Saradananda führte die Leichenprozession an, und Hunderte folgten ihm. Es war ein heißer Sommertag. Alle Mönche und Verehrer gingen barfuß, sodass sie Blasen von der Hitze bekamen. Den ganzen Weg über sangen sie fromme Lieder. In Baranagore

---

[1] ders., S. 749

schlossen sich viele Leute der Prozession an. Ein großes Boot vom Kloster brachte den Leichnam ans andere Gangesufer hinüber.

Die Mönche im Belur Math hatten verschiedene Orte für die Verbrennung des Leichnams vorgeschlagen, aber Shivananda verwarf alle Vorschläge und wählte den Ort aus, wo jetzt ihr Tempel steht. Er sagte: „Die Heilige Mutter wird Frieden finden, wenn sie den heiligen Ganges sieht. Sie wird die Menschheit mit ewigem Frieden beschenken."[1]

Gegen Mittag traf der Leichnam der Mutter im Belur Math ein. Die Verehrerinnen der Mutter badeten ihren Körper im Ganges und kleideten ihn in ein weißes Seidengewand mit einer dünnen, roten Bordüre. Der Leichnam wurde mit Sandelpaste und Parfum eingerieben und mit Blumen und Girlanden geschmückt. Danach wurde er in den Hof des Tempels des Meisters (dem alten Schrein) gebracht. Ein Mönch führte den Gottesdienst und *Arati* aus, indem er eine Lampe schwenkte. Dann wurde ihr Körper zum Scheiterhaufen getragen, der bereits mit Sandelholz errichtet worden war.

Es war gegen drei Uhr. Saradananda umrundete den Scheiterhaufen und setzte ihn in Brand. Shivananda, Subodhananda, Nirmalananda, Mahendra Gupta und viele Männer und Frauen im Leben der Mutter umrundeten ihn. Nirmalananda sang einige vedische Hymnen. Alle brachten Weihrauch, Parfüm und Kampfer dar. Nachdem der Körper verbrannt war, holten alle in Tontöpfen Wasser vom Ganges, um das Feuer zu löschen. Da begann es zu regnen. Der Regen löschte das Feuer noch völlig und brachte die nötige Abkühlung. Einige Mönche sammelten die Überreste der Mutter und die Asche in einem Kupfergefäß. Vom Körper der Mutter war nicht viel übriggeblieben. Das meiste war zu Asche verbrannt. Das Kupfergefäß wurde in den Schrein des Meisters getragen und vor das Bild der Mutter gestellt. Danach wurde dem Meister ein spezielles Speiseopfer aus *Luchis*, Gemüsecurry und *Rasagollas* dargebracht und anschließend unter allen Anwesenden verteilt.

Als Sarada starb, war Swami Brahmananda in Bhubaneswar. Am 21. Juli gegen 1:30 Uhr nachts saß er in ernster Stimmung in einem Lehnstuhl. Er fragte Nirvanananda: „Wie spät ist es? Ich weiß nicht warum, aber ich bin unruhig wegen der Mutter. Ich weiß nicht, wie es ihr geht."

---

[1] ders., S. 752

Nirvanananda fragte: „Maharaj, willst du nicht schlafen gehen?"

Brahmananda antwortete nicht. Am nächsten Morgen ging er unruhig auf der Veranda umher und unternahm nicht seinen üblichen Spaziergang. Da kam ein Telegramm von Saradananda mit der Nachricht, dass die Mutter um 1:30 Uhr gestorben war. Brahmananda trauerte sehr um Sarada und sprach drei Tage lang nicht. [1]

Einige Tage nach dem Tod der Mutter kam ein Ehepaar zum Belur Math. Die beiden waren ihre Schüler und hatten einen langen Weg auf sich genommen, um sie zu besuchen, aber ihre Hoffnungen wurden enttäuscht. Shivananda tröstete sie mit den Worten: „Die Mutter ist jetzt überall. Man kann sie überall und in jedem Lebewesen sehen. Jedem, der sie aus ganzem Herzen anruft, wird sie sich enthüllen. Seid nicht traurig. Ruft sie mit einem aufrichtigen und sehnsüchtigen Herzen an, und sie wird sich euch enthüllen."[2] Shivananda tröstete viele in ihrem Kummer.

---

[1] s. ders., S. 757
[2] ders.

SARADA DEVI IN JAYRAMBATI, 1912

Sarada sah in allem Ramakrishna. So sagte sie: „Manchmal sehe ich, dass der Meister zu allem geworden ist. Ich sehe den Meister, in welche Richtung ich auch schaue. Ich sehe ihn im Blinden und Lahmen. Er ist zu jedem Lebewesen geworden. Die Lebewesen leiden nicht. Es ist er, der leidet. Deshalb eile ich jedes Mal zu den Menschen, um sie zu befreien, wenn sie nach mir rufen. Die Leute bitten mich zu schlafen. Wie kann ich schlafen? Ich denke, ich sollte die Zeit anstatt mit Schlafen besser zum Wohl der Menschen mit *Japa* verbringen. Kürzlich sah ich, wie Radhu eine Ameise töten wollte. Ich hielt sie auf. Ich sah den Meister in dieser Ameise. Wie viele

Menschen kann ich sehen? Der Meister hat mir die Verantwortung für alle überlassen. Es wäre schön, wenn ich mich um jeden kümmern könnte."[1]

Sarada nahm in ihren späteren Jahren die Rolle als Guru an. Gu bedeutet Dunkelheit und ru Beseitiger, Vernichter – also bedeutet Guru der Vernichter der Dunkelheit (der *Maya*).

Die Hindu-Schriften betonen, dass die göttliche Kraft sich nicht in einem Guru manifestiert, solange er nicht sein Ich ausgemerzt hat. Nur wenn das begrenzte Ich zerstört wurde, wird die Person zu einem Instrument Gottes oder der Göttlichen Mutter. Deshalb ist die Kraft des Gurus nicht menschlich. Es gibt viele Gurus oder spirituelle Lehrer in der Welt, aber als Manifestationen von Gottes Macht sind alle Gurus gleich. Der Schüler sollte Liebe, Vertrauen, Hingabe und Festigkeit besitzen und seinen Anweisungen folgen. Der Guru übermittelt spirituelle Kraft während der Einweihung und verbindet den Schüler durch ein Mantra mit Gott.

Alle Gurus im Ramakrishna-Orden, von Sarada und den direkten Mönchsschülern bis zu den heutigen Swamis, betonen, dass Ramakrishna der *Ishta*, die erwählte Gottheit, ist und auch der eigentliche Guru. Dadurch vermeiden sie einen Guru-Kult um ihre eigene Person. Ramakrishna spielte zwar die Rolle eines Gurus, betonte aber, dass *Satchitananda* (Sein-Bewusstsein-Seligkeit) oder Gott der einzige Guru, Vater oder Meister sei. Er mochte nicht Guru, Vater oder Meister genannt werden.

Swami Bhuteshananda drückte es folgendermaßen aus: „Wenn man glaubt, dass der Körper des Gurus der Guru ist, dann endet die Lehre des Gurus mit dem Körper. Aber wenn man den Guru als den *Ishta*, die erwählte Gottheit, betrachtet, dann wird man den Guru nicht vermissen, wenn er stirbt. Dieser Guru ist der ewige Guru."[2]

Ramakrishna sagte über Sarada: „Sarada ist eine Inkarnation von *Saraswati* [der Göttin des Lernens]. Sie wurde geboren, um anderen Kenntnis zu vermitteln."[3] Er übertrug die Ergebnisse seiner spirituellen Erfahrungen auf sie und lehrte sie verschiedene Mantras, sodass sie seine spirituelle Mission nach seinem Tod fortführen konnte. Sarada suchte keine Schüler. Sie sagte

---

[1] Chetanananda: Sri Sarada Devi, S. 341
[2] ders., S. 463
[3] ders., S. 464

einmal: „Jene, die zu mir kommen wollen, tun es von sich aus, nachdem sie die Fesseln der Welt durchtrennt haben. Ich werde nicht nach ihnen schicken."[1]

Sarada lebte ein abgeschiedenes Leben. Wenige wussten von ihr. Zu ihren Lebzeiten waren ihre Fotos nicht in der Öffentlichkeit bekannt, und nichts wurde über sie geschrieben, außer dass sie gelegentlich im Gospel of Sri Ramakrishna (Die Botschaft Sri Ramakrishnas) erwähnt wurde. Die Leute erfuhren nur von den Schülern Ramakrishnas von ihr oder von jenen, die sie bereits getroffen hatten.

Ramakrishna wählte seine Schüler aus, nachdem er sie geprüft hatte, nicht so Sarada. Sie weihte jeden ein, der sie darum bat, auch Jugendliche, wenn sie ihre starke spirituelle Neigung erkannte.

Bei einem Frauentreffen im Udbodhan-Haus meinte Yogin Ma einmal: „Die Mutter liebt uns zweifelsohne alle, aber nicht so intensiv wie der Meister. Wie sorgte er sich um seine Schüler und liebte sie! Wir haben es mit eigenen Augen gesehen. Worte können es nicht beschreiben."

Darauf erwiderte Sarada: „Muss man sich darüber wundern? Er nahm nur einige ausgewählte Schüler an und das auch erst, nachdem er sie auf verschiedene Weise geprüft hatte. Mir hat er eine ganze Reihe Ameisen zugeschoben."[2]

Nach Ramakrishnas Tod verbrachte Sarada ein Jahr auf Pilgerreise, von der sie die meiste Zeit in Vrindavan verbrachte. Ihre spirituelle Mission begann, als sie Swami Yogananda als erstem Schüler die Einweihung gab. Danach lebte sie noch 33 Jahre. Während der ersten elf Jahre (1887-1898) lebte sie abgeschieden in Kamarpukur, Jayrambati und Kalkutta. In den folgenden elf Jahren (1898-1909) hörte die Öffentlichkeit von ihr, und sie weihte einige Schüler ein. Während der letzten elf Jahre (1909-1920) weihte sie unzählige Männer und Frauen ein, unter ihnen Reiche und Arme, Junge und Alte, Studenten und Lehrer, edle Seelen und Sünder, Revolutionäre und Exzentriker. Sie weihte auch einige Mönche und verheiratete Anhänger Ramakrishnas ein wie auch Menschen aus anderen Teilen Indiens und aus dem Westen, deren Sprache sie nicht verstand.

---

[1] ders., S. 465
[2] ders.

Für die Einweihung wählte Sarada den *Ishta*, die auserwählte Gottheit des Schülers, und ein Mantra, das mit ihr in Verbindung stand. Manchmal fragte sie den Schüler nach seiner Familiengottheit. Wenn der Schüler sich nicht für eine Gottheit entscheiden konnte, wählte sie selbst eine bestimmte Gestalt und einen Namen der Gottheit für ihn aus. Manchmal meditierte sie vor der Einweihung darüber, ob das Mantra zu dem jeweiligen Schüler passte. So sagte sie einmal: „Sobald ich einigen Menschen ein Mantra geben will, tauchen in meinem Geist Gedanken auf wie ‚Gib dieses Mantra' oder ‚Gib jenes Mantra', während es in anderen Fällen so aussieht, als wüsste ich nichts, und kein Gedanke auftaucht. Ich bleibe weiter sitzen. Dann, nach einigem Nachdenken, visualisiere ich das Mantra. Bei guten Aspiranten taucht das Mantra sofort auf."[1]

Wenn die Einweihung bei ihr zu Hause stattfand, führte sie den Schüler in den Schrein, richtete zwei Sitzplätze her und besprengte sich selbst und den Schüler mit Gangeswasser. Dann fragte sie ihn nach seiner Gottheit und gab ihm das Mantra, wobei sie ihm zeigte, wie er es wiederholen sollte. Anschließend bat sie um das *Dakshina*, das traditionelle Geschenk für den Guru – das konnten Blumen oder ein paar Früchte sein.

Wenn die Umstände es verlangten, gab sie überall Einweihung. Einmal wartete sie am Bahnhof von Vishnupur auf den Zug nach Kalkutta, als ein armer Gepäckträger zu ihr kam und sagte: „Du bist meine Mutter Janaki [*Sita*]. Wie lange habe ich dich gesucht! Wo bist du die ganze Zeit gewesen?" Dann weinte er heftig. Die Mutter tröstete ihn und bat ihn, ihr eine Blume vom Bahnsteig zu pflücken. Als er ihr die Blume darbrachte, weihte sie ihn an Ort und Stelle ein.

Im Gospel heißt es: „Sie weihte eine Frau ein, die in ihrer Kindheit ihre enge Freundin gewesen war, während beide nach dem Mittagessen auf dem Bett ruhten, eine andere während der Trauerzeit, die als eine Zeit der Verunreinigung gilt, wieder andere auf der Veranda, unter dem Dachvorsprung eines Hauses, auf einer offenen Wiese oder sogar auf einem Bahnhof, wobei ein Regenschirm als Dach und das Regenwasser aus einer Grube als reinigendes Wasser diente. Es sah so aus, als ob sie manchmal die Einweihung aus einem spontanen Impuls heraus gab, wie zum Beispiel, wenn sie jemandem im

---

[1] Gospel XXXVII

Stehen ein Mantra gab oder wenn jemand weinend ihre Füße hielt und sich nach der Einweihung sehnte."[1]

Über die Bedeutung des Mantras sagte sie: „Das Mantra reinigt den Körper. Man wird rein, indem man den Namen Gottes, den der Guru einem gegeben hat, wiederholt." Als ein Schüler sie einmal fragte, ob das Mantra, das ein Schüler von seinem Guru erhalten hatte, ihm wirklich helfen würde, auch wenn er keine intensive Hingabe besäße, meinte sie: „Deine Kleidung wird nass, ob du nun selbst ins Wasser springst oder hineingestoßen wirst, oder etwa nicht?"

Die Mutter weihte ihre Schüler nicht mit aufwendigen Ritualen ein. Ihre Einweihung war einfach und kurz. Wenn sie dem Schüler sein Mantra gab, zeigte sie ihm, wie er die Wiederholungen an den Fingern oder mit einer Gebetsschnur zählen konnte.

Swami Aseshananda wurde von Sarada eingeweiht. Nach ihrem Tod wurde er Saradanandas Privatsekretär. Als er Saradanandas aufwendige Methode der Einweihung beobachtete, sagte er zu ihm: „Maharaj, die Heilige Mutter hat mich auf sehr einfache Weise unterwiesen. Sie hat mich nicht gebeten, das Mantra so und so oft am Morgen und Abend oder an besonderen Tagen zu wiederholen und all das. Sie hat mir keine feste Methode gegeben. Maharaj, ich möchte einen schrittweisen Ablauf. Kannst du ihn mir bitte geben?"

Saradananda erwiderte: „Du bist der größte Narr. Die Heilige Mutter ist selbst die Göttliche Mutter. Was immer die Heilige Mutter dir gegeben hat, ist das Endgültige im spirituellen Leben. […] Willst du damit sagen, ich sollte dem, was die Heilige Mutter gegeben hat, noch etwas hinzufügen?"[2]

Die Einweihung bedeutete für Sarada auch, das *Karma* des Schülers auf sich zu nehmen. Die Beziehung zwischen Lehrer und Schüler war ihrer Ansicht nach ewig. Gegen Ende ihres Lebens, als sie bettlägerig war, sagte Brahmachari Ashok zu ihr, dass er hilflos sei, wenn sie sterben würde. Sie antwortete: „Glaubst du, dass ich, selbst wenn dieser Körper gestorben ist, frei sein kann, solange nicht jeder von euch, dessen Verantwortung ich auf mich genommen habe, von der Bindung befreit ist? Ich muss beständig mit ihnen

---

[1] dass., S. XXXVI f.
[2] dass.

leben. Ich habe für alles von ihnen völlig die Verantwortung übernommen, Gutes und Schlechtes. Ist Einweihung zu geben eine Kleinigkeit? Es ist eine enorme Verantwortung. Wie sehr sorge ich mich um ihretwillen. Sieh nur, dein Vater ist gestorben, und das hat mich sofort um dich besorgt gemacht. Ich dachte: ‚Wie kommt es, dass der Meister ihn erneut prüft?‘ Ich bete beständig, dass du aus dieser Prüfung herauskommst. Deshalb habe ich dir all diese Anweisungen gegeben. Kannst du alles verstehen, was ich sage? Wenn ja, würde mich das sehr erleichtern. Der Meister geht auf verschiedene Weise spielerisch mit seinen Kindern um, aber ich muss die Hauptlast tragen. Ich kann jene, die ich als die Meinen akzeptiert habe, nicht einfach beiseitelassen.“[1]

Sarada demonstrierte, wie man ein spirituelles Leben führt, indem man ständig *Japa* übt. Selbst wenn sie krank im Bett lag, wiederholte sie ihr Mantra. Sie schlief sehr wenig. Eines Nachts fragte Brahmachari Barada sie: „Mutter, schläfst du überhaupt?“ Sie erwiderte: „Was kann ich tun, mein Kind? Alle diese Kinder kommen mit einer großen Sehnsucht nach der Einweihung zu mir, aber die meisten von ihnen wiederholen ihr Mantra nicht regelmäßig. Regelmäßig, was sage ich? Viele wiederholen es überhaupt nicht. Aber da ich die Verantwortung für sie übernommen habe, sollte ich mich da nicht um ihr Wohlergehen kümmern? Deshalb übe ich für sie *Japa*. Ich bete beständig zum Meister und sage: ‚Oh Meister, erwecke ihr spirituelles Bewusstsein. Gib ihnen Befreiung. Es gibt so viel Leid in der Welt. Mögen sie hier nicht wiedergeboren werden!‘“[2]

Zu Indubhusan Sengupta sagte sie einmal: „Warum sorgst du dich, mein Kind? Du besetzt einen Platz in meinem Herzen. Du musst keine spirituellen Übungen machen. Ich mache sie für dich.“

Indu fragte: „Mutter, tust du das für alle, die von dir eingeweiht worden sind?“

„Ja, das tue ich.“

„Du hast so viele Schüler. Erinnerst du dich an sie alle?“

„Ich erinnere mich nicht an alle, aber ich wiederhole das Mantra für jene, an deren Namen ich mich erinnere. Und für jene, an die ich mich nicht erinnere,

---

[1] Chetanananda: Sri Sarada Devi, S. 468
[2] ders.

bete ich zum Meister: ‚Meister, ich habe viele Kinder an verschiedenen Orten. Bitte kümmere dich um die, an deren Namen ich mich nicht erinnere, und sorge für ihr Wohlergehen.'[1]

Swami Visweswarananda sagte einmal zu ihr: „Mutter, du weihst so viele Leute ein, aber du fragst nie nach ihnen. Du denkst nicht einmal daran, was aus ihnen wird. Ein Guru hat ein wachsames Auge auf seine Schüler und beobachtet, ob sie sich spirituell entwickeln. Es wäre besser, wenn du nicht so viele Leute einweihen würdest. Du solltest nur die einweihen, mit denen du auch in Verbindung bleiben kannst."

Sie erwiderte: „Aber der Meister hat es mir nie verboten. Er hat mich in so vielem unterwiesen. Hätte er mir das, was du sagst, nicht mitgeteilt? Ich übergebe dem Meister die Verantwortung für meine Schüler. Jeden Tag bete ich zu ihm: ‚Bitte kümmere dich um die Schüler, wo immer sie auch sind.' Zudem habe ich diese Mantras vom Meister selbst erhalten. Das sind sehr wirksame *Siddha Mantras*. Man erlangt durch sie sicher die Befreiung."[2]

Manche Menschen träumten von Sarada oder Ramakrishna. Manchmal träumten sie auch, von ihr eingeweiht zu werden, und wurden es später tatsächlich. Das erlebte Surendranath Sen, ein junger Mann aus Ost-Bengalen, der ein großer Verehrer von Swami Vivekananda war. Er ging in den Belur Math und bat, vom Swami eingeweiht zu werden. An einem glückverheißenden Tag weihte Vivekananda drei Personen im Schrein ein, eine nach der anderen, und rief schließlich Surendra herein. Er meditierte eine Weile mit ihm und sagte dann: „Der Meister hat mir gesagt, dass ich nicht dein Guru bin. Er hat mir gezeigt, dass eine Person dich einweihen wird, die größer ist als ich. Sei nicht entmutigt. Du wirst zur rechten Zeit eingeweiht." Surendra dachte enttäuscht: „Wer könnte größer sein als Swamiji? Er hält mich nicht für geeignet. Deshalb hat er mich nicht eingeweiht und will mich loswerden."

Einige Zeit nach diesem Vorfall hatte Surendra einen Traum, in dem er sich auf Ramakrishnas Schoß sitzen sah. Die strahlende Gestalt einer Göttin erschien und sagte: „Nimm dieses Mantra." „Wer bist du?", fragte Surendra sie. „Ich bin *Saraswati*", antwortete die Göttin. Dann sprach sie das Mantra

---

[1] ders., S. 468 f.
[2] ders., S. 469

aus und bat Surendra, es täglich mindestens 108-mal zu wiederholen. Aber Surendra tat es nie.

Sieben Jahre später ging Surendra mit einem Freund in den Belur Math, um der *Durga Puja* beizuwohnen. Ein Schüler von Vivekananda bat ihn, die Mutter in Jayrambati zu besuchen. Nach der *Durga Puja* ging er mit seinem Freund nach Jayrambati. Am zweiten Tag rief Sarada Surendra zu sich und bat ihn, am nächsten Tag, die Einweihung zu empfangen und einige Blumen mitzubringen. Es war der Tag der *Lakshmi Puja* – ein glückverheißender Tag.

Surendra erinnerte sich: „Während der Einweihung legte die Mutter ihre rechte Hand auf meinen Kopf und die linke Hand auf mein Kinn und gab mir das Mantra. Sobald ich das Mantra hörte, erinnerte ich mich wieder an meine Einweihung im Traum und fühlte mich benommen. Augenblicklich verlor ich das Bewusstsein, aber ich spürte inneres Glück. Als ich wieder zu mir kam, sah ich, dass die Gestalt der Mutter und die Gestalt der Göttin in meinem Traum dieselbe war. Ich sagte zu ihr: ‚Mutter, ich habe dieses Mantra schon lange in einem Traum erhalten.', Sie erwiderte: ‚Nun, mein Sohn, stimmt es nicht überein? Du hast das richtige Mantra erhalten.'"[1]

Sarada betonte, dass göttliche Träume wahr seien, besonders wenn sie mit dem Meister zusammenhingen.

Gegen Ende ihres Lebens wurde ihr der Wirbel um sie oft zu viel. Sie sagte: „Der Meister ließ niemanden von meiner Existenz wissen. Er hat mich immer mit unendlicher Sorgfalt beschützt. Jetzt hat sich die Sache ins Gegenteil verkehrt. Man wirbt für mich wie mit Trommelschlägen auf dem Marktplatz. M. [Mahendra Gupta] ist die Wurzel des Übels. Die Leute sind außer sich, nachdem sie das *Kathamrita* (Die Botschaft Sri Ramakrishnas) gelesen haben. […] Warum müssen sie mich immer mit der Einweihung belästigen? Da sind meine Kinder (gemeint sind die direkten Schüler des Meisters) im Belur Math. Haben sie keine Macht? Jeder wird hierhergeschickt! Ich bin sogar so weit gegangen, den Leuten zu sagen, dass sie eine große Sünde begehen, wenn sie ihren angestammten Lehrer aufgeben. Aber trotzdem wollen sie mich nicht in Ruhe lassen."[2]

---

[1] ders., S. 485
[2] Gospel, S. 120

Oft hegten die Verehrer bizarre Erwartungen an die Mutter und wollten eine Vision von Gott oder die Befreiung. Ihr gelang es immer, sie zu beruhigen.

Einmal hatte Sarada im Udbodhan-Haus ihre Andacht beendet, als ein unbekannter Verehrer mit Blumen kam und offensichtlich ihre Füße verehren wollte. Als sie den Fremden sah, setzte sie sich auf ihr Bett, ließ die Füße herabhängen und hüllte sich in einen Baumwollschal, wie sie es immer in solchen Fällen tat. Der Mann machte einige aufwendige Verbeugungen, legte ihr die Blumen zu Füßen und begann, Atemübungen und andere Rituale auszuführen wie man es vor einer Götterstatue tut. Dies ging lange so weiter. Sarada schwitzte heftig unter ihrem Schal. Jeder im Haushalt war beschäftigt, und niemand war in ihrer Nähe. Golap Ma hatte den Mann zwar kommen sehen, war dann aber gegangen, um irgendetwas zu erledigen. Als sie schließlich zurückkam, sah sie, dass der Verehrer immer noch vor der Mutter saß. Sie erkannte, in welchen Schwierigkeiten Sarada steckte, nahm den Mann bei der Hand und sagte mit ihrer lauten Stimme: „Glaubst du, dass sie eine Holzstatue ist, deren Geist du durch Atemübungen und andere Rituale erwecken kannst? Du hast keinen Verstand. Siehst du nicht, dass es der Mutter heiß ist und es für sie sehr unbequem ist?"[1]

Einmal biss eine Frau Sarada in den großen Zeh, als sie sich von ihr verabschiedete. Die Mutter schrie laut: „Du meine Güte! Was für eine Art Verehrung ist das? Wenn du meine Füße berühren willst, warum tust du es dann nicht? Warum beißt du mir in den Zeh?" Die Frau erwiderte: „Ich möchte, dass du dich an mich erinnerst."[2]

Je mehr Verehrer sich einstellten, desto mehr musste Sarada erleiden. Aber sie ertrug alles mit Geduld. Manchmal beklagte sie sich allerdings: „Meister, ich kann diese Last nicht mehr ertragen." Auch kamen die Verehrer oft zu ungewöhnlichen Stunden. Sarada hatte sehr wenig Ruhe.

Satyendranath berichtete: „An einem Nachmittag wurde ich damit beauftragt, die Verehrer, die die Mutter im Udbodhan-Haus besuchen wollten, in einer Reihe aufzustellen. Einige Exzentriker belästigten sie. Ich sah einen älteren Mann, der laut rief und sich vor der Mutter den Kopf stieß. Ich bemerkte eine andere Person, die begann, ihr seine Lebensgeschichte zu

---

[1] Chetanananda: Sri Sarada Devi, S. 455
[2] ders., S. 453

erzählen, ohne Rücksicht auf die anderen Leute, die anstanden. Jemand legte seinen Kopf auf ihre Füße und blieb bewegungslos in dieser Haltung. An einem anderen Tag legte sich ein Mann vor sie hin und bat sie, ihren Fuß auf seine Brust zu stellen und damit sein spirituelles Bewusstsein zu erwecken. Es war äußerst schwierig, es ihnen klar zu machen oder ihren aufdringlichen Bitten Einhalt zu gebieten. Manchmal war ich irritiert, wenn ich ihre kindischen Gefühle beobachtete. Bei anderen Gelegenheiten konnte ich mir das Lachen nicht verkneifen, wenn ich ihr unreifes Verhalten beobachtete. Als ich eines Tages vor der Mutter über diese Leute Späße machte, sagte sie zu mir: ‚Mein Sohn, wenn du erwachsen wirst, wirst du verstehen, wie viel Schmerz diese gequälten Menschen in ihrem Herzen tragen. Du bist keine Mutter.'"[1]

---

[1] ders.

SARADAS LEHRE

SARADA DEVI, 1912

Sarada Devis Lehre war knapp. Sie verwandte nicht viele Zitate aus der Schrift, sondern bezog sich auf ihre eigene Erfahrung. Sie zitierte oft Ramakrishna und riet den Suchenden, sie mögen sich an den Meister wenden. Ansonsten empfahl sie die Übung von *Japa* und Meditation.

Geistige Ausgeglichenheit ist äußerst wichtig für das spirituelle Leben. Sarada wies ihre Schüler an, darauf zu achten. Als einige meditierten, ohne gefrühstückt zu haben, meinte sie, mit einem leeren Magen ließe sich schlecht meditieren. Wer Kopfweh habe oder Magenschmerzen, könne sich ebenfalls nicht konzentrieren.

Viele Sucher litten an Zweifel oder Verwirrung. Swami Basudevananda hatte einmal dieses Problem. Er erinnerte sich: „Einmal kehrte ich aus Noakhali ins Udbodhan-Haus zurück, nachdem ich eine Hilfsaktion geleitet hatte. Ich sagte zur Mutter: ‚Manchmal bin ich verwirrt und kann niemand finden, um über meinen Zweifel zu reden. Was soll ich dann tun?'

Die Mutter antwortete: ‚Hab immer ein Bild des Meisters bei dir. Denk daran, dass er bei dir ist und sich um dich kümmert. Wenn du eine Frage hast, bete zu ihm. Du wirst sehen, dass er deinem Geist die Lösung gibt. Er ist immer in dir. Weil der Geist sich nach außen wendet, suchen die Leute nicht innen. Vielmehr suchen sie Gott außen. Wenn du um etwas betest und es unbedingt nötig für dich ist, wirst du sehen, dass die Antwort im Nu in dir auftaucht. Wenn jemand aus ganzem Herzen zum Meister betet, erhört er ihn und kümmert sich entsprechend um die Dinge. Muss man einem Herrn etwas zwanzigmal wiederholen?"[1]

Als Nalin Bihari Sarkar Sarada nach der Schwäche des Geistes fragte, antwortete sie: „Mein Sohn, das ist ein Naturgesetz wie der Neumond und der Vollmond. Manchmal beherbergt der Geist gute Gedanken, manchmal schlechte."

Nalin: „Mutter, ich habe dich so oft besucht und deine Gnade empfangen. Trotzdem mache ich keinen Fortschritt. Ich fühle mich wie zuvor."

Mutter: „Mein Sohn, nimm einmal an, du schläfst auf einer Liege, und jemand trägt die Liege an einen anderen Ort, mit dir darauf. Würdest du sofort bemerken, dass du an einen anderen Ort getragen wurdest? Überhaupt nicht. Erst wenn deine Benommenheit sich völlig legt, wirst du bemerken, dass du an einen neuen Ort gelangt bist."[2]

1911 wurde Vaikuntha aus Cuttack von Sarada eingeweiht, als sie in Kothar in Orissa war. Einige Jahre später wurde er von seinem unkontrollierten Geist geplagt und sagte mit Kummer zur Mutter: „Mutter, ich habe keine Neigung mehr, das Mantra zu wiederholen, weil es meine geistigen Unreinheiten nicht beseitigt hat. Ich habe dasselbe Verlangen, denselben Ärger und dieselbe Täuschung wie zuvor."

Sarada versicherte ihm: „Mein Sohn, alle Unreinheiten werden weggehen, wenn du das Mantra wiederholst. Bete zum Meister."

Vaikuntha: „Ich bin hilflos. Entweder du beseitigst meine innere Unruhe, oder du nimmst dein Mantra zurück. Ich möchte dich nicht leiden lassen, denn ich habe gehört, dass der Guru leidet, wenn der Schüler das Mantra nicht wiederholt."

Da füllten sich die Augen der Mutter mit Tränen, und sie sagte: „Nun gut, du musst das Mantra nicht mehr wiederholen."

---

[1] Chetanananda: Sri Sarada Devi, S. 472
[2] ders., S. 473

Diese Worte ängstigten Vaikuntha, da er glaubte, seine Beziehung zur Mutter wäre nun beendet. Verzweifelt sagte er: „Mutter, du hast alles von mir genommen! Was soll ich jetzt tun? Bedeutet das, dass ich in die Hölle komme?"

Mutter: „Was meinst du damit? Du bist mein Kind. Wie kannst du in die Hölle kommen? Jene, die meine Kinder sind, sind bereits frei. Nicht einmal die Vorsehung hat die Kraft, meine Kinder in die Hölle zu schicken. Beruhige dich und übergib mir deine Verantwortlichkeiten. Und denk immer daran, dass jemand hinter dir steht und im letzten Moment kommt, um dich in die ewige Wohnstatt zu führen."[1]

Zu einem anderen niedergeschlagenen Verehrer sagte sie: „Du magst nicht in der Lage sein, regelmäßig *Japa* zu üben, aber der Meister wird dich im letzten Augenblick empfangen müssen. Er selbst hat es mir versprochen."[2]

Sie vertrat oft die Ansicht, dass Ramakrishna in der Todesstunde jeden seiner Schüler und der Schüler der Mutter bei der Hand nehmen würde. So sagte sie auch zu Prafulla Kumar Ganguli, der sich ebenfalls beschwerte, dass er nichts erreicht hatte: „Warum solltest du dich fürchten, mein Sohn? Wisse, dass der Meister immer hinter dir steht. Auch ich bin bei dir. Warum solltest du dich fürchten, wenn ich, deine Mutter, bei dir bin? Der Meister hat mir versichert: ‚Jeden, der zu dir Zuflucht nimmt, werde ich in seinen letzten Augenblicken bei der Hand nehmen und auf dem Weg führen.' Wohin du auch gehst, was du auch tust, der Meister wird in deinen letzten Stunden kommen müssen, um dich zum Licht zu führen."[3]

Swami Mukteswarananda, ein Schüler der Mutter, ging durch eine dunkle Phase, die als „dunkle Nacht der Seele" bekannt ist. Er besuchte sie nicht mehr, obwohl er ganz in ihrer Nähe wohnte. Schließlich schrieb er ihr einen Brief, in dem er sie bat, das Mantra zurückzunehmen. Die Mutter ließ nach ihm schicken. Als er kam, sagte sie: „Sieh her, mein Kind, die Sonne wohnt hoch oben am Himmel, und das Wasser bleibt unten auf der Erde. Muss das Wasser die Sonne anschreien: ‚Oh Sonne, bitte nimm mich auf?' Es ist das Wesen der Sonne, Wasser in Form von Dunst aufzunehmen. Lass mich dir

---

[1] ders., S. 473
[2] ders.
[3] Gospel, S. 330

versichern, dass du keine Übungen machen musst."[1] Was für eine Erleichterung für den Schüler! Das erinnert an Ramakrishnas Verhalten gegenüber Girish, ihm seine Vollmacht zu geben und alles zu überlassen.

Am 25. September 1910 fragte Swami Arupananda Sarada: „Mutter, wenn es ein Lebewesen namens Gott gibt, warum gibt es dann so viel Leid und Elend in der Welt? Sieht Er es nicht? Besitzt Er nicht die Kraft, es zu beseitigen?"

Die Mutter antwortete mit einer Geschichte, die auch Ramakrishna erzählte:

„Die Schöpfung ist voller Elend und Glück. Könnte jemand das Glück genießen, wenn es kein Elend gäbe? Zudem: Wie ist es möglich, dass alle Leute glücklich sind?

Sita sagte einmal zu *Rama*: ‚Warum beseitigst du nicht das Leiden und das Unglück all deiner Untertanen? Bitte mach alle Bewohner deines Königreichs glücklich. Du kannst das leicht durch deinen bloßen Willen tun.'

Rama sagte: ‚Ist es möglich, dass alle Leute gleichzeitig glücklich sind?'

‚Warum nicht?', fragte Sita. ‚Bitte gib jedem aus deinem königlichen Schatz die Mittel, um seine Wünsche zu befriedigen.'

‚Gut', sagte Rama, ‚dein Wunsch wird ausgeführt.'

Rama schickte nach *Lakshmana* und sagte zu ihm: ‚Geh und informiere alle in meinem Königreich, dass jeder von meinem königlichen Schatz nehmen kann, was er will.'

Daraufhin kamen die Untergebenen *Ramas* zum Palast und sagten ihm, was sie wollten. Der königliche Schatz floss ohne Einschränkungen. Als jeder seine Tage freudvoll verbrachte, wurde das Dach des Gebäudes, in dem *Rama* und *Sita* lebten, undicht. Es wurde nach Arbeitern geschickt, um es zu reparieren, aber woher sollte man Arbeiter bekommen? Es gab keinen einzigen Arbeiter im Königreich. Da Maurer, Zimmermänner und Handwerker fehlten, verfielen alle Gebäude. *Ramas* Untergebene informierten den König über ihre Schwierigkeiten. Da es keine andere Hilfe gab, sagte *Sita* zu *Rama*: ‚Die Unannehmlichkeit eines undichten Daches ist nicht länger zu ertragen. Bitte sorge dafür, dass die Dinge wie zuvor sind. Dann kann sich

---

[1] Chetanananda: Sri Sarada Devi, S. 474

jeder Arbeiter besorgen. Jetzt erkenne ich, dass es unmöglich ist, dass alle Menschen gleichzeitig glücklich sind.'

‚So soll es sein‘, sagte *Rama*. Sofort war alles wie zuvor, und man konnte Arbeiter einstellen.

Sita sagte zu *Rama*: ‚Herr, diese Schöpfung ist dein wundervolles Spiel!‘

Keiner wird die ganze Zeit leiden. Keiner wird all seine Tage auf dieser Erde in Leid zubringen. Jede Handlung bewirkt ihr eigenes Ergebnis, und man erhält dementsprechend seine Möglichkeiten."[1]

Sarayubala Devi berichtete: „Einmal war ich bei der Heiligen Mutter, als ein Mönch kam und sich vor ihr niederwarf. Er sagte: „Mutter, warum wird der Geist ab und zu so unruhig? Warum kann ich nicht ständig über dich meditieren? Viele wertlose Gedanken stören meinen Geist. Wir können leicht nutzlose Dinge erlangen, wenn wir sie nur wollen. Soll ich den Herrn nie erkennen? Mutter, bitte sage mir, wie ich Frieden erlangen kann. Heutzutage habe ich nur noch selten Visionen. Was nützt mir dieses Leben, wenn ich Ihn nicht erkennen kann? Es ist besser zu sterben, als ein so wertloses Leben zu führen."

Mutter: „Wovon sprichst du, mein Kind? Denke nicht einmal an solche Dinge. Kann man jeden Tag eine Vision von Gott haben? Sri Ramakrishna sagte immer: ‚Fängt ein Angler jeden Tag einen großen Karpfen, wenn er sich mit seiner Angel hinsetzt? Er bereitet alles vor, setzt sich mit der Angel hin und konzentriert sich. Ab und zu verschluckt ein großer Karpfen den Haken. Oft ist er enttäuscht.‘ Lass deshalb nicht mit den Übungen nach. Übe mehr *Japa*."[2]

Der junge Brahmachari Rasbehari (später Swami Arupananda) beklagte sich einmal bei der Mutter, dass in dem Moment, in dem ein Wunsch verschwindet, ein neuer auftaucht.

Mutter: „Solange das Ego existiert, bleiben zweifellos auch Wünsche bestehen. Aber diese Begierden werden dich nicht verletzen. Der Meister wird dein Beschützer sein. Es wäre eine schwere Sünde des Meisters, wenn er diejenigen nicht beschützen würde, die zu seinen Füßen Schutz gesucht

---

[1] ders., S. 567 f.
[2] Gospel, S. 54 f.

haben, die zu ihm Zuflucht genommen haben, indem sie auf alles verzichteten, und die ein gutes Leben führen wollen. Ihr müsst in einem Geist der Selbsthingabe an ihn leben. Lasst ihn euch Gutes tun, wenn er es wünscht, oder lasst ihn euch ertränken, wenn es sein Wille ist. Aber ihr sollt nur das tun, was gerecht ist, und das mit der Kraft, die er euch gegeben hat."

SWAMI ARUPANANDA (RASBEHARI)

Schüler: „Oh Mutter, habe ich mich ihm in diesem Maße hingegeben? Manchmal habe ich das Gefühl, dass ich mich bis zu einem gewissen Grad auf ihn verlassen kann, und im nächsten Moment ist es wieder weg. Welchen Weg werden wir einschlagen, wenn er uns nicht beschützt? Manchmal denke ich, weil du, oh Mutter, am Leben bist, können wir dir von unseren Gefahren und Schwierigkeiten berichten und durch einen Blick in dein Gesicht Frieden finden. Wer wird uns beschützen, wenn du uns verlässt? Wir fühlen uns sicher, wenn du uns Sicherheit gibst."

Mutter: „Hab keine Angst, mein Kind. Du hast nichts zu befürchten. Du wirst kein weltliches Leben mit Frau und Kindern führen. Du wirst nichts von alledem haben. Warum solltest du dich fürchten? Und in der

Zwischenzeit, bevor ich gehe, wirst du ein sicheres Fundament für dein geistliches Leben aufbauen können."

Schüler: „Was nützen uns *Japa* und Askese, wenn Gott nicht Seinen gütigen Blick auf uns wirft? Wir sind nur beschützt, wenn Er uns beschützt."

Mutter: „Du hast nichts zu befürchten. Der Meister wird dich sicherlich beschützen. Mach dir keine Sorgen."[1]

Kshirode, eine junge Witwe und Schülerin der Mutter, berichtete: „Wann immer ich mich darüber beklagte, dass meine Verehrung zu keinem Ergebnis führte, pflegte die Mutter zu sagen: ‚Ich bin dein Guru. Ich weiß, ob du Fortschritte machst oder nicht. Wie kannst du das verstehen? Du wirst alles erreichen. Die meisten Hindernisse bei der Verehrung sind nicht äußerlich, sondern innerlich. Sie werden nach und nach abfallen, wenn du den Namen des Meisters wiederholst und meditierst. Erfülle deine Pflicht. Kümmere dich nicht darum, ob die Makel des Geistes bestehen bleiben oder nicht.' Sie pflegte auch zu sagen: ‚Der Ast einer Kokospalme fällt zur rechten Zeit von selbst ab, aber man muss sich sehr anstrengen, um den Ast abzureißen, bevor die rechte Zeit gekommen ist. Genauso wird alles zur rechten Zeit kommen.' Ich fragte sie, warum ich mich nicht in *Japa* und Meditation vertiefen konnte. Sie sagte: ‚Du tust alles, was notwendig ist. Alles geht gut. Mein Kind, es ist ein großes Glück für dich, dass du als Witwe in einem zarten Alter hierhergekommen bist. Du wirst nicht viel zu tun haben. Alles, was du tun musst, ist, am Ende des Tages Gott zu huldigen. Wenn ein Mensch an einer Vorstellung festhält, braucht er keine weitere Disziplin zu üben. Du wirst alles spontan erreichen.'"[2]

Als ein Verehrer der Mutter Fragen über Meditation und *Japa* stellte, antwortete sie: „Den Namen Gottes so und so oft zu wiederholen, die Gebetsschnur zu benutzen oder an den Fingern zu zählen, ist dafür gedacht, den Geist auf Gott zu richten. Die natürliche Neigung des Geistes ist, in diese und jene Richtung zu gehen. Durch diese Mittel wird er zu Gott hingezogen. Wenn man beim Wiederholen des Namens Gottes Seine Gestalt sieht und in Ihn versunken ist, hört das *Japa* auf. Man bekommt alles, wenn man in der Meditation erfolgreich ist.

---

[1] dass., S. 131
[2] dass., S. 201

Der Geist ist von Natur aus ruhelos. Um den Geist zu beruhigen, kann man zu Beginn der Meditation die Atmung ein wenig regulieren. Das hilft, den Geist zu beruhigen. Aber man darf es nicht übertreiben. Das heizt das Gehirn auf. Ihr könnt von der Vision Gottes oder von Meditation sprechen, aber denkt daran, der Geist ist alles. Man bekommt alles, wenn der Geist ruhig wird.“[1]

Swami Visweswarananda fragte die Mutter: „Wie kann man Gott erkennen – durch Verehrung, *Japa* oder Meditation?“

Mutter: „Durch nichts von alledem.“

Schüler: „Wie dann?“

Mutter: „Gott wird nur durch Seine Gnade erkannt. Trotzdem muss man *Japa* und Meditation üben, denn sie entfernen die Unreinheiten des Geistes. Man muss spirituelle Übungen wie Verehrung, *Japa* und Meditation praktizieren. So wie man den Duft einer Blume wahrnimmt, wenn man sie anfasst, oder den Duft von Sandelholz, wenn man es an einem Stein reibt, wird man spirituell erweckt, wenn man ständig über das Göttliche nachdenkt. Aber du kannst jetzt schon erleuchtet werden, wenn du wunschlos bist.“[2]

Immer wieder kamen Verehrer mit dem Gedanken zu ihr, den ganzen Tag mit *Japa* verbringen zu wollen und nicht mehr zu arbeiten. Dann betonte sie, dass *Japa* nur in Maßen geübt werden sollte und man auch arbeiten müsse. So sagte Swami Ishananda zu ihr: „Einige sagen, dass wir durch Arbeit nichts gewinnen, dass aber alles gewonnen ist, wenn wir die ganze Zeit meditieren und *Japa* üben können.“

Die Heilige Mutter antwortete: „Woher wissen sie, dass sie durch das eine gewinnen und durch das andere nicht? Ist alles erreicht, wenn man ein paar Tage lang ein wenig meditiert? Solange *Mahamaya* nicht den Weg freigibt, wird nichts geschehen. Habt ihr neulich bemerkt, wie ein Mann mit Gewalt mehr *Japa* übte, als er ertragen konnte, und dadurch verwirrt wurde? Wenn der Geist weg ist, was bleibt dann? Er ist wie das Gewinde einer Schraube. Wenn ein Gewinde locker ist, wird der Mensch verrückt, oder er tappt in die Falle von *Mahamaya* und denkt, er sei sehr klug und es gehe ihm gut. Ist die Schraube hingegen richtig angezogen, geht man den richtigen Weg und

---

[1] dass., S. 177 f.
[2] dass., S. 310

erlangt Frieden und Glückseligkeit. Man muss sich immer an Ihn erinnern und beten: ,Herr, gib mir gute Neigungen.' Wie viele können die ganze Zeit *Japa* und Meditation üben? Es kann sein, dass man das am Anfang eine gewisse Zeit lang macht. Dadurch wird man egoistisch wie N. Jetzt tut er nicht einmal mehr das, sondern sitzt da und denkt an alles Mögliche, was nur Unruhe in seinem Geist erzeugt. Es ist weitaus besser, zu arbeiten, als den Geist loszulassen, um sich in unruhigem Denken zu ergehen. Wenn man dem Geist ein wenig Nachlässigkeit erlaubt, wird er einen Aufruhr bewirken."[1]

Sarada Devi betonte, dass auch alltägliche Kleinigkeiten aufmerksam erledigt werden sollten. Ishanananda berichtete: „Eines Tages […] kehrte ein Diener den Platz und warf danach den Besen beiseite. Die Heilige Mutter bemerkte es und sagte: ,Was soll das? Nach der Arbeit hast du den Besen sofort achtlos weggeworfen! Es wird genauso viel Zeit brauchen, ihn ordentlich aufzubewahren, wie es braucht, ihn wegzuwerfen. Solltest du eine Sache vernachlässigen, weil sie klein ist? Alles, um das du dich kümmerst, wird sich auch um dich kümmern. Wirst du ihn nicht wieder brauchen? Davon abgesehen ist er auch ein Teil dieser Familie. Auch unter diesem Gesichtspunkt verdient er eine gewisse Wertschätzung. Man muss einer Sache an Wertschätzung zugestehen, was sie verdient. Selbst der Besen muss respektvoll zurückgestellt werden. Auch eine gewöhnliche Arbeit muss mit Sorgfalt und Aufmerksamkeit erledigt werden.'"[2]

Fünf Tage vor Sarada Devis Tod sagte eine Frau zu ihr, sie fürchte sich vor der Zukunft. Da meinte die Mutter: „Warum fürchtest du dich? Du hast den Meister gesehen. Aber ich sage dir eines: Wenn du deinen Seelenfrieden haben willst, darfst du keine Fehler bei anderen suchen. Sieh lieber deine eigenen Fehler. Lerne, die ganze Welt zu deiner eigenen zu machen. Keiner ist ein Fremder. Die ganze Welt gehört dir."[3] Vielleicht kann man dies auch als ihre letzte Botschaft an die Welt verstehen.

---

[1] dass., S. 397
[2] dass., S. 401 f.
[3] dass., XXXVIII

CHRONOLOGIE

1853 22. Dezember – Geburt von Sarada als erstes Kind von Ramchandra und Shyamasundari Mukherjee in Jayrambati

1859 Mai – Heirat mit Ramakrishna und erster Besuch in Kamarpukur

1860 November/Dezember – zweiter Besuch in Kamarpukur

1864 – Hungernot in der Gegend von Jayrambati

1866 Mai – dritter Besuch in Kamarpukur

1866 Dezember bis 1867 Januar – vierter Besuch in Kamarpukur

1867 Mai bis November – Ramakrishna geht mit Hriday und der *Bhairavi* nach Kamarpukur; Sarada besucht ebenfalls Kamarpukur.

1872 März – erster Besuch in Dakshineswar

1872 5. Juni – *Shodashi Puja*

1873 Mitte – in Jayrambati

1874 26. März – Tod ihres Vaters Ramchandra

1874 Mitte – zweiter Besuch in Dakshineswar

1875 September – in Jayrambati

1875 – schwere Erkrankung an der Ruhr und Hilfe durch eine Vision der Göttin *Simhavahini*, danach Malaria

1876 Februar – Tod ihrer Schwiegermutter Chandramani

1876 März bis November 1876 – dritter Besuch in Dakshineswar

1876 April – Shambu Mallick baut für Sarada eine Hütte.

1877 Januar – vierter Besuch in Dakshineswar (Begegnung mit Räubern in Telo-Bhelo)

1877 Juli bis September – mit Ramakrishna und Hriday in Kamarpukur; danach kehrt Ramakrishna nach Dakshineswar zurück und Sarada nach Jayrambati.

1878-1980 – in Jayrambati

1881 März – fünfter Besuch in Dakshineswar für nur einen Tag

1882-1883 – sechster Besuch in Dakshineswar

1884 – siebter und achter Besuch in Dakshineswar

1885 März – neunter Besuch in Dakshineswar

1885 Oktober – mit Ramakrishna in Shyampukur

1885 11. Dezember – mit Ramakrishna in Cossipore

1886 16. August – Tod von Ramakrishna

1886 30. August – erste Pilgerreise nach Nordindien (hauptsächlich Vrindavan)

1887 ab September – in Kamarpukur (für etwa neun Monate)

1888 – im Gartenhaus von Nilambar Mukherjee (Belur) für fast sechs Monate

1888 ab November – in Puri

1889 ab Februar – in Kamarpukur

1890 25. März – Pilgerreise nach Gaya

1890 Oktober bis 1892 – in Jayrambati

1893 – Vivekananda bittet Sarada um ihren Segen für seine Reise in den Westen. Sie wohnt im Gartenhaus von Nilambar; Übung des *Panchatapas.*

1894 – in Kalkutta, Kailwar in Bihar, Antpur, Jayrambati und Kamarpukur

1895 – zweite Pilgerfahrt nach Varanasi, Vrindavan, Prayag und Gaya

1896 – in Kalkutta und ab November in Jayrambati

1897 – Vivekananda kehrt aus dem Westen zurück; Begegnung mit Sarada

1898 – Begegnung mit westlichen Schülerinnen Vivekanandas; der Belur Math entsteht, Niveditas Schule wird eröffnet.

1900 – Geburt von Radhu; Sarada kehrt mit ihrem Onkel Nilmadhav, Radhu, Surabala und anderen nach Kalkutta zurück

1900-1903 – in Kalkutta und Jayrambati

1904-1905 – zweite Pilgerreise nach Puri

1906 Januar – Tod ihrer Mutter Shyamasundani Devi

1909 23. Mai – Einzug ins Udbodhan-Haus

1910 Dezember – in Kothar in Orissa

1911 Februar bis März – Pilgerreise in den Süden

1911 10. Juni – Heirat von Radhu

1912 5. November bis 15. Januar – in Varanasi

1914 – im Udbodhan-Haus

1915 – Ein neues Haus in Jayrambati wird für sie gebaut.

1915 August bis September – in Koalpara

1916 ab 15. Mai – im neuen Haus in Jayrambati

1917-1920 – in Jayrambati, Koalpara und Kalkutta

1919 – Makus Sohn Neda stirbt; Radhu gebiert einen Sohn.

1920 21. Juli – *Mahasamadhi* im Udbodhan-Haus, Einäscherung im Belur Math

GLOSSAR

Anna: eine kleine indische Münze, ein Sechzehntel einer Rupie

Annapurna: ein Name der Göttlichen Mutter als Geberin der Nahrung

Asana: Sitzplatz, oft ein kleiner Teppich, auf dem eine Person sitzen kann; eine Körperhaltung des Yoga

Atman: Selbst oder Seele; bezeichnet auch die höchste Seele

Bhairavi: tantrische Nonne

Bhajans: fromme Lieder

Bhava: Emotion, Ekstase

Brahma: Schöpfergott

Brahmachari: religiöser Schüler, der sich den spirituellen Übungen verschreibt; zölibatär Lebender, der der ersten Lebensstufe angehört, hier auch oft die Vorstufe für einen *Sannyasin*

Brahmacharya: die erste der vier Lebensstufen; das Leben des unverheirateten Schülers

Brahman: das Absolute, die höchste Wirklichkeit in der Philosophie des *Vedanta*

Brahmo Samaj: hinduistische Reformbewegung

Chadar: eine Art Schal

Chaitanya: spirituelles Bewusstsein; auch ein Prophet, der 1485 geboren wurde

Darshan: Besuch Gottes im Tempel oder einer heiligen Person

Devi: Göttin

Dharma: Rechtschaffenheit; eines der vier Ziele des menschlichen Strebens; Pflichterfüllung

Dhoti: ein Gewand des Mannes

Dol-Purnima: das hinduistische Frühlingsfest, das mit *Krishna* in Verbindung steht

Durga: ein Name für die Göttliche Mutter

Ganga: die Göttin *Ganga,* der Ganges

Gaya: ein heiliger Ort in Nordindien

Gopal: *Krishna* als Baby

Gopi: Milchmädchen, die Gespielinnen des jungen *Krishna* im Hain von Vrindavan

Govinda: ein Name für *Krishna*

Ishta: das erwählte Ideal, das spirituelle Ideal oder die erwählte Gottheit des Verehrers

Jagadamba: wörtl.: die Weltenmutter; ein Name der Göttlichen Mutter

Jagaddhatri: wörtl.: die Trägerin des Universums; ein Name für die Göttliche Mutter. In dieser Form wird sie auf einem Löwen reitend dargestellt. Die *Jagaddhatri Puja* wird v.a. in West-Bengalen und Orissa gefeiert.

Jagannath: wörtl.: Herr der Welt; ein Name für *Vishnu*

Japa: Wiederholung von Gottes Namen oder einem Mantra

Jotirlingam: heiliger *Shiva*-Tempel in Indien, wovon es zwölf gibt

Kali: ein Name für die Göttliche Mutter; die Göttin des Tempels von Dakshineswar

Kali-Puja: Gottesdienst für *Kali*

Karma: Handeln im Allgemeinen; Pflicht; rituelle Verehrung

Kathamrita: Gospel of Sri Ramakrishna (Die Botschaft Sri Ramakrishnas) von M. (Mahendra Gupta) in Bengalisch

Kaviraj: Arzt, der Ayurveda praktiziert

Khichuri: Gericht aus Mungbohnen bzw. Linsen und Reis

Kirtan: verehrungsvolle Musik, die oft von Tanzen begleitet wird

Krishna: eine bedeutende göttliche Inkarnation

Lakshmana: Bruder *Ramas*

Lakshmi: die Gemahlin *Vishnus* und die Göttin des Glücks

Luchi: frittiertes Fladenbrot aus feinem Weizenmehl, das aus der Region Bengalens stammt

Madhura Bhava: eine der fünf Haltungen, die der Vishnuit seiner persönlichen Gottheit *Krishna* gegenüber pflegt; die Haltung einer Ehefrau ihrem Mann gegenüber oder die einer Frau ihrem Geliebten gegenüber

Mahabharata: ein berühmtes Hindu-Epos

Mahamaya: die große Illusionistin; ein Name von *Kali*, der Göttlichen Mutter

Mahasamadhi: das große *Samadhi*, der Tod

Maulavi: muslimischer Gelehrter

Maya: Unwissenheit, die die Sicht auf Gott verschleiert; die kosmische Illusion, aufgrund derer das Eine als Vieles und das Absolute als Relatives erscheint; bedeutet auch Anhaftung

Narayana: ein Name für *Vishnu*

Nirvikalpa Samadhi: der höchste Zustand von *Samadhi*, in dem der Sucher seine völlige Einheit mit *Brahman* erkennt

Panchatapas: wörtl.: die Enthaltsamkeit der fünf Feuer. Dabei sitzt der Übende im Sommer mit vier brennenden Feuern um sich herum unter der stechenden Sonne, übt *Japa* und meditiert.

Panchavati: heiliger Hain im Garten von Dakshineswar, in dem Ramakrishna seine spirituellen Übungen ausführte

Paramahamsa: einer, der der höchsten Ordnung der *Sannyasins* angehört, auch oft für Ramakrishna verwendet

Parvati: Gefährtin *Shivas*

Phalaharini Kali Puja: eine besondere *Puja* für *Kali*

Prakriti: die ursprüngliche Natur, das weibliche Prinzip

Prasad: Speisen oder Getränke, die zuerst der Gottheit geopfert und dann an die Verehrer verteilt werden

Puja: ritueller Gottesdienst

Purdah: Zurückgezogenheit der Frauen in den inneren Wohnbereich

Puri: einer der wichtigsten religiösen Orte in Indien

Purusha: das männliche Prinzip, auch Seele, das Absolute

Radha: Krishnas vertrauteste Gefährtin unter den *Gopis* von *Vrindavan*

Radharamana: wörtl.: kombinierte Gottheit von *Radha* und *Krishna*

Raghuvir: ein Name für *Rama*; die Familiengottheit Ramakrishnas

Rama (Ramachandra): der Held des *Ramayana*, der von den Hindus als eine göttliche Inkarnation betrachtet wird

Ramayana: ein berühmtes Hindu-Epos

Rameswar: liegt am südlichsten Ende Indiens und gilt als einer der vier wichtigsten heiligen Orte des Landes

Rasagolla: süßer Nachtisch

Sadhana: spirituelle Übungen

Sadhu: Mönch, Asket

Samadhi: Ekstase, Trance, Gemeinschaft mit Gott

Sannyasa: das klösterliche Leben, die letzte der vier Lebensstufen

Sannyasin: hinduistischer Mönch

Sannyasini: hinduistische Nonne

Saraswati: die Göttin der Gelehrsamkeit und Musik

Shakti: Kraft, allgemein die kreative Kraft *Brahmans*; ein Name der Göttlichen Mutter

Shiva: die vernichtende Gottheit; die dritte Person der hinduistischen Trinität neben *Brahma* und *Vishnu*

Shodashi: Sechzehnjährige

Shodashi Puja: Ramakrishnas zeremonielle Verehrung von Sarada als Göttliche Mutter

Simhavahini: wörtl.: die von einem Löwen getragen wird; ein Name für die Göttliche Mutter

Sita: die Frau von *Rama*

Shitala: Schutzgöttin von Bengalen

Shraddha: eine religiöse Zeremonie, bei der den verstorbenen Angehörigen Speisen und Getränke angeboten werden

Siddha Mantras: Mantras, um Erleuchtung zu erlangen

Tantra: eine religiöse Philosophie, in der die Göttliche Mutter oder die *Shakti* die endgültige Wirklichkeit ist; auch die Schriften, die von dieser Philosophie handeln

Thakur: Herr, Ramakrishna

Tulsi: eine Pflanze, die für *Vishnu* heilig ist

Vedanta: eine der sechs orthodoxen hinduistischen Philosophien; die Lehre der Nicht-Zweiheit

Vishnu: der bewahrende Gott; die zweite Person der hinduistischen Dreiheit, wobei die beiden anderen *Brahma* und *Shiva* sind; der persönliche Gott der Vishnuiten

Viswanath: Herr der ganzen Welt, Beiname von *Shiva*

Vrindavan: eine Stadt, die mit *Krishnas* Kindheit in Verbindung steht

Yatra: eine ländliche Theateraufführung

LITERATURVERZEICHNIS

Chetanananda: Sri Sarada Devi and Her Divine Play, St. Louis, 2015

The Gospel of the Holy Mother Sri Sarada Devi, recorded by her devotee-children, Chennai, 1984

Ebert, Gabriele: Ramakrishna: Sein Leben und seine Lehre. 2. Auf., Hamburg, 2025 (Ramakrishna und seine Schüler, Band 1)

Ebert, Gabriele: Swami Vivekananda: Sein Leben, 2. Aufl., Hamburg, 2025 (Ramakrishna und seine Schüler, Band 3)

Nikhilananda: Die Botschaft Sri Ramakrishnas: nach den Aufzeichnungen von M., Band 1 und 2, 2. Aufl., Hamburg, 2025 (die vollständige Übersetzung von Gospel of Sri Ramakrishna von M.)

Nikhilananda: Holy Mother, New York, 1962; in deutscher Übersetzung: Holy Mother: Das Leben von Sri Sarada Devi, der Gemahlin Sri Ramakrishnas und Gehilfin in seiner Mission, Argenbühl-Eglofstal, 2012

Saradananda: Sri Ramakrishna and His Divine Play, St. Louis, 2003

Saradananda: Sri Ramakrishna the Great Master, Vol 1 und 2, Madras, 1978